일주일 만에 끝내는

Brand Strategy IN A WEEK

브랜드 전략

일주일 자기계발 시리즈

일주일 만에 끝내는 브랜드 전략

Brand Strategy IN A WEEK

전 현 지음

이콘

차례

▌들어가는 말 ▌

브랜드는 최근에 우리 사회의 화두가 되었다. 국가 브랜드란 말도 요즘은 공공연하게 사용되고 있다. 개인도, 기업도, 국가도, 부품도, 제품도, 원산지도 브랜드인 것이다. 너나 할 것 없이 브랜드를 이야기하고 있다. 하지만 브랜드가 무엇이냐고 물어보면 명확하게 정의를 내리지 못한다. 브랜드를 정의하는 것은 브랜드의 본질을 이해하는 아주 중요한 첫 작업이다. 최근에는 또 마케팅이 브랜드를 키우는 브랜딩으로 대체되어 사용되기도 한다.

이 책은 이러한 브랜드와 브랜딩에 대해 명확하게 설명하는 것을 목적으로 하고 있다. 본질을 알아야 브랜드에 관한 여러 문제를 응용하여 풀 수 있기 때문이다. 브랜드 관리 역시 브랜드와 브랜딩을 이해하는 데서 출발하는 것이다. 이 책을 통해 브랜드와 브랜딩에 관한 토대가 확실하게 구축되기를 바란다. 다음과 같은 순으로 살펴보도록 하자.

SUN	MON	TUE	WED	THU	FRI	SAT

일요일

SUNDAY

브랜드

브랜드를 정의한다는 일은 브랜드를 이해하는 첫 걸음이자
핵심이다. 브랜드를 어떻게 정의하고 있는지를 학자 및 전문
가들의 의견과 함께 다양한 사례를 통해서 알아보도록 하자.
살펴보는 순서는 다음과 같다.

● 브랜드 정의에 대한 갈증

● 식별 기능으로서의 브랜드

● 브랜드 vs 제품

● 소비자, 기업 그리고 브랜드

● 브랜드의 본질

● 차별화와 신뢰의 원천, 브랜드

▌브랜드 정의에 대한 갈증 ▌

브랜드 관리자 혹은 마케터들에게 브랜드는 끊임없이 고민하고 답을 구해야 할 숙제와도 같다. 브랜드에 대한 수많은 어록과 저서들을 접하다 보면, 때로는 감탄하기도 하고 어느 정도 길을 찾는 것처럼 느껴지기도 하겠지만, 이러한 내용들은 마케터가 갖고 있는 배경 혹은 목적과 다를 때도 있어서 오히려 길을 찾아가는 데 혼란을 주기도 한다.

사람들은 저마다 삶의 가치관을 가지고 있고, 그 가치관을 기준으로 인생의 항해를 시작한다. 브랜드도 마찬가지다. 수많은 경쟁 브랜드 속에서 나만의 길을 개척하기 위해서는 그만한 모험의 기준이 되어줄 '정의'가 반드시 필요하다. 브랜드에 대한 정의를 확립해 놓지 않고서 어떻게 제대로 된 브랜드 마케팅을 할 수 있겠는가?

수많은 학자나 전문가들이 내놓는 브랜드에 대한 정의를 보면 약간의 차이는 있으나 공통적으로 말하는 것이 있다. 브랜드의 식별 기능, 즉 내 것과 남의 것을 구분해주는 기능이 바로 그것이다. 하지만 이러한 기능적인 정의만으로는 무언가 부족한 면이 있다. '제품에 더해지는 부가적 프리미엄'이라

12

는 설명 역시 마찬가지이다.

개인적으로 나는 김춘수 시인의 '꽃'이라는 시에 비유해 브랜드를 설명하곤 했다.

> 내가 그의 이름을 불러주기 전에는
> 그는 다만
> 하나의 몸짓에 지나지 않았다.

여기서 '하나의 몸짓'은 제품이며, '이름을 불러'주는 주체는 소비자다. 소비자가 이름을 불러준다는 것은 의미 있는 대상으로 승화되는 것을 말한다.

> 나는 너에게 너는 나에게
> 잊혀지지 않는 하나의 의미가 되고 싶다.

이 구절은 브랜드의 목표를 가장 잘 나타내고 있다. 특히나 다음 장에서 설명할 '브랜딩'을 잘 설명하고 있다.

브랜드는 소비자와 관계(Relationship)를 맺는다. '관계적 관점'은 마케팅이 브랜드로 통합되는 결정적 계기가 된다. 어떤 이는 "브랜드는 관계이다."라는 정의를 내놓기도 한다. 그러한 관계는 '의미'가 있어야 한다. '잊혀지지' 않는 관계라면 브랜드와 소비자 간에 가장 이상적인 관계가 아니겠는가?

광고 프레젠테이션을 할 때, 나는 광고주에게 "브랜드가 무엇이라고 생각하십니까?"라고 묻곤 한다. 상표, 자사와 타사의 제품을 구분해주는 것……. 이외에도 많은 답들을 나온다. 물론 모두 맞는 말이다. 하지만, 마케팅과 광고의 중심에서 브랜드가 초래하는 모든 현상을 설명해줄 쾌도난마식의 정의는 없었다.

'브랜드는 명사가 아니라 동사다.'
'브랜드는 사고의 방식이 아니다.'
'브랜드는 목소리를 가졌다.'
'브랜드에 필요한 것은 열정이다.'

이런 어록들은 나에게도 감탄을 자아냈던 어록들이다. 이러한 명언을 남긴 사람들도 엄청난 고민과 경험 속에서 브랜드에 대한 나름의 어록을 남겨을 것이다. 단지 기능적이며 마케팅적 사고만이 아닌 브랜드에 대한 보다 본질적인 고민의 결과였을 것이다.

마케팅 학자들이 내린 브랜드의 정의는 대개가 식별 기능에
만 기반을 두고 있다. 아마 '마케팅'이라는 실용 학문을 공부
했기 때문일 것이다. 하지만 최근 들어 마케팅과 브랜딩의 경
계가 모호해지면서 식별 기능 이외의 여러 요소들도 정의에
포함시켜 사용하고 있다. 따라서 여러분 스스로 브랜드의 정
의를 내려보는 것도 충분히 가치 있는 일일 것이다.

▌식별 기능으로서의 브랜드 ▌

브랜드(brand)의 어원은 'brandr'에서 나왔다. 이 말은 고대 북유럽의 스칸디나비아 사람들이 사용하던 말로, 불에 태운 다는 뜻의 'to burn'을 의미한다. 다른 사람의 가축과 자신의 가축을 구분하기 위해 낙인을 찍는 것이 바로 브랜드의 기원인 것이다.

브랜드의 대가라고 불리는 사람들은 다음과 같이 브랜드를 정의했다.

> 브랜드는 경쟁자로부터 자신의 재화나 상품을 차별화하기 위해 사용하는 이름, 용어, 사인, 심벌, 디자인 혹은 이들 모두의 조합이다 (Keller, AMA: American Marketing Association)
>
> 브랜드란 제품 이상의 것을 말한다. 브랜드는 경쟁자의 제품과 차별화되는 특유의 이름 혹은 상징이다. (Aaker, *Managing Brand Equity*)

나의 재화와 남의 재화를 구분하는 가장 본질적인 기능을 중심으로 내린 브랜드의 정의들이다. 이러한 정의를 내린 학자들도 뭔가 부족함을 느꼈는지 그들의 저서 곳곳에 감정적, 인지적 측면의 무형적인 브랜드에 대해 수차례 언급하고 있다. 브랜드는 단순히 제품을 구별해주는 기능만 하는 것이 아니라 실제 소비자와의 관계에서 마케팅 그 이상의 역할을 하고 있다는 것을 명심하자. 사실 브랜드 이론이 하나의 독립된 이론으로 자리를 잡게 된 것은 그리 오래되지 않았다. 지금도 브랜드 이론은 계속 진보하고 있다. 따라서 '브랜드란 무엇인가?' 라는 정의를 내리는 일은 쉽지 않은 일일뿐더러 급하게 내릴 필요도 없는 것이다.

10여 년 전 하와이에 촬영을 갔던 적이 있다. 거기서 베네통 가방을 하나 샀는데 나중에 보니 '메이드 인 이태리' 가 아니라 다른 나라에서 만든 제품이었다. 실망은 물론이고, 구매에 실패했다는 죄책감마저 엄습해왔다. 물론 제품상의 차이는 크게 없었을 것이다. 하지만 베네통은 고객에게 있어 이태리인 것이다. 다른 나라도 아닌, 이태리마저 이런 식으로 고객을 현혹시키다니 하면서 혼자 울분을 터트렸던 기억이 난다.

한 친구는 이런 경험담을 이야기해주었다. 업무상 패션으로 유명하지 않은 나라에 갔다가 거래처 사람들에게 돌릴 요량으로 30만 원짜리 넥타이를 사왔는데, 이걸 받은 사람들이 그

다지 좋아하지 않더라는 것이다. 다음에 이태리에 출장을 갔을 때에는 길거리에서 파는 2만 원짜리 넥타이를 사다주었더니 다들 함박웃음을 지었다고 한다.

가격을 모르는 거래처 사람들은 '이태리'라는 국가 브랜드를 통해 패션에 대한 감정의 카타르시스를 느낀 것이다. 물론 개인마다 차이는 존재한다. 경험이나 환경에 따라 느껴지는 감정은 모두 다를 수는 있다. 이 부분은 추후에 다시 언급할 것이다.

제품은 공장에서 만들어지지만 소비자는 (제품이 아닌) 브랜드를 구입한다.

이러한 측면에서 브랜드와 제품을 비교해보는 것은 아주 흥미로운 일이며, 마케팅과 브랜딩이 어떻게 다른지를 보여주는 중요한 단초를 제공한다.

▌브랜드 vs 제품 ▌

마케팅 학자인 코틀러는 다음과 같이 제품을 정의하고 있다.

> 제품이란 소비자의 필요와 욕구 충족을 위한 흥미, 획득, 사용 등
> 소비자의 욕구를 충족시켜주기 위해 시장에 제공되는 어떤 것이
> 다. 제품은 물리적인 재화, 서비스, 소매점, 사람, 조직 장소, 아이
> 디어 등을 의미한다. (Philip Kotler, *Marketing Management*)

그는 또 이러한 제품의 정의를 기반으로 다섯 가지 수준의 제
품으로 나누고 있다. 사실 이는 미국의 마케팅 학자인 레빗
(Theodore Levitt, *Marketing Imagination*)의 이론을 구체화
한 것이기도 하다.

> ● 핵심적 효익 수준(Core Benefit Level)
>   소비자가 제품 혹은 서비스를 소비함으로써 만족하는 가장 기초
>   적인 필요와 욕구를 말한다.
>
> ● 일반적 제품 수준(Generic Product Level)
>   경쟁자의 제품과 확연히 구분되는 차별성을 가지고 있지는 않지
>   만, 기능을 위해 가지고 있어야 할 기본적인 제품의 속성 혹은

특징을 말한다. 주요 기능은 가지고 있지만 옵션 및 부가서비스 등이 없는 제품을 말한다.

- 기대적 제품 수준(Expected Product Level)
  소비자가 제품을 구매할 때 통상적으로 기대하는 속성 혹은 특징을 말한다.

- 확장적 제품 수준(Augmented Product Level)
  경쟁자의 것과 구분시켜주는 부가적인 제품의 속성과 효익, 관련 서비스를 포함하는 제품을 말한다.

- 잠재적 제품 수준(Potential Product Level)
  미래에도 기능할 수 있도록 궁극적으로 책임을 떠맡는 확장적인 것들과 변형적인 것들의 모든 것을 포함하는 제품을 말한다.

코틀러는 위의 다섯 가지 제품 수준에서 다수의 경쟁자가 기대적 제품 수준을 지니고 있으므로, 경쟁은 확장적 제품 수준 이상에서 발생한다고 지적하고 있다. '경쟁은 무엇을 만드느냐가 아니라 무엇을 부가하느냐로 바뀌고 있다!'고 주장한 레빗과도 비슷한 의견이다.

이러한 견해를 바탕으로 켈러는 브랜드에 대해 "제품을 포함함은 물론 같은 니즈를 놓고 경쟁하는 타 회사의 제품들과 차별화를 이룰 수 있도록 부가되는 제품 이외의 다른 차원의 것이다."라고 말하기도 했다. 소비자가 품질을 보고 제품을 고를 수도 있지만, 브랜드와 관련된 상징 혹은 감정적인 측면을 더 중시할 수도 있다는 말이다.

'에어컨'이라는 제품을 예를 들어 위에서 언급한 다섯 가지 수준의 제품을 알아보자.

● 다섯 가지 다른 수준의 '에어컨'

1. 핵심 효익 수준 : 시원하고 편안함
2. 일반적 제품 수준 : 충분한 에어컨 용량, 효율적인 에너지 사용량, 적절한 흡입과 배기
3. 기대적 제품 수준 : 충분한 보증 기간과 오존 파괴량이 적을 것 등
4. 확장적 제품 수준 : 실내와 실외의 온도를 알려주는 온도계, 자동 팬 스피드 등
5. 잠재적 제품 수준 : 조용하고 고른 작동, 에너지의 자체 충전 등

(Keller, 1998, p4)

[그림 1] 브랜드는 제품 이상의 것이다.(A Brand is More Than A Product, Aaker, 2000)

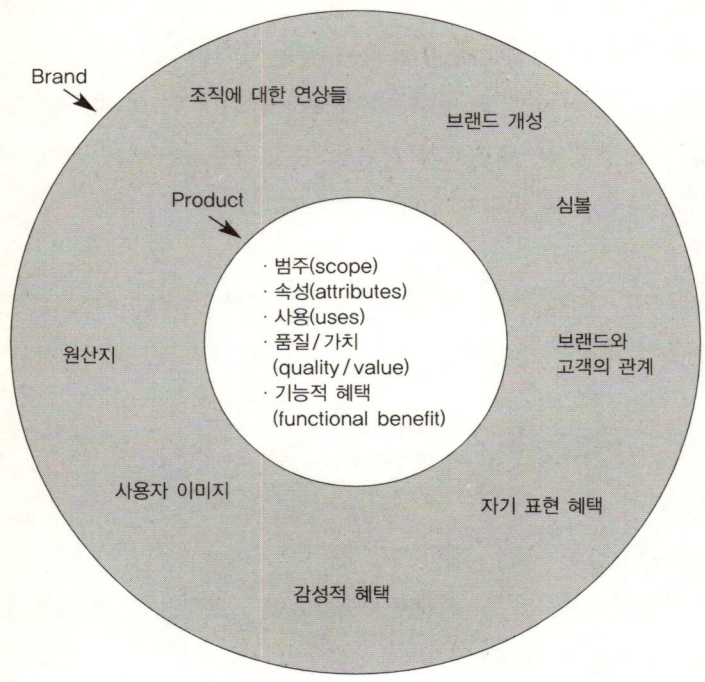

사실 요즘은 제품 자체에서 차이나 나는 경우가 거의 없다.
그야말로 동질성 마케팅 시대인 것이다. 이런 상황에서 대다
수의 기업들은 소비자의 지갑을 열게 하는 방법으로 '브랜드
차별화 전략'을 사용하고 있다.

소비자들은 구매를 결정할 때 어떠한 확신을 얻고 싶어한다. 자신이 소비를 함으로써 원하는 물건을 소유한다는 개념과 더불어, 브랜드가 제공해주는 이미지와 에너지를 소유했다는 사실에도 큰 만족감을 갖는다. 소비자는 브랜드가 갖고 있는 상징성만으로도 제품에 대한 큰 고민 없이 제품에 신뢰를 보내게 된다. 그렇다고 제품을 도외시한 감정만을 얘기하는 것은 아니다.

브랜드에 대한 감정의 나이테

제품은 그야말로 기본 중의 기본이다. 나이테로 비유하여 생각해보자. 중심에 있는 것이 제품이라는 원이라면 외연적으로 하나씩 늘어나는 원은 바로 소비자가 느끼는 감정의 폭을 말한다.

오래된 나무가 많은 나이테를 보유하듯, 감정의 폭이 클수록 브랜드 역시 강한 힘을 갖게 된다. 경쟁자가 새로운 제품을 내놓더라도 제품 외의 감정적인 면으로 방어하면서, 타사의 제품보다 뛰어난 제품을 만들어 시중에 출시하는 시간만큼을 벌 수 있게 된다. 이것이 바로 브랜드 역할인 것이다.

운동화를 사러 갔다가 프로스펙스와 나이키 두 가지 브랜드를 놓고 구매 결정을 해야 한다면 여러분은 어느 쪽을 선택하겠는가? 제품의 특징을 분석하여 구입하는가? 아니면 매장 직원이 추천하는 순으로 하는가? 가격 이외의 디자인과 성능 모든 면에서 어느 한 쪽이 더 큰 만족감을 준다면 고민 없이 선택하겠지만, 제품에서 큰 차별성을 발견하지 못했다면 대다수의 사람들은 자신이 좋아하는 브랜드 쪽으로 구매 결정을 하게 될 것이다. 소비자는 매장 문을 들어서기 전부터 프로스펙스와 나이키에 대한 상징을 각각 다른 메모리칩에 저장시키고 온 것이다. 물론 자신이 직접 경험하여 제품의 만족감을 인정했던 브랜드라면 그 감정은 더욱 호의적일 수밖에 없다.

▌소비자, 기업 그리고 브랜드 ▌

브랜드는 기업과 소비자에게 아래와 같은 역할을 한다.
(Keller, 1998)

- ● 소비자 입장에서의 브랜드
  - 제품에 대한 원천적인 표시
  - 제품 생산자에 대한 책임 부여
  - 리스크 축소
  - 가격 탐색 축소
  - 제품 생산자와의 약속과 유대
  - 상징적 장치
  - 품질의 신호

- ● 기업 입장에서의 브랜드
  - 취급과 추적을 단순화하기 위한 표시 수단
  - 독특한 특징의 법적 보호 수단
  - 만족한 소비자를 위한 품질 신호
  - 독특한 연상을 제품에 부여하는 수단
  - 경쟁우위의 원천
  - 재무적 보상의 원천

브랜드는 제품을 구매할 때에 생기는 리스크를 잊게 해준다. 그래서 소비자는 특별히 생각하는 과정 없이도 자신이 좋아하는 브랜드를 바로 구매할 수 있는 것이다.

소비자는 제품을 구매하고 소비하는 데 다음과 같은 리스크를 가지게 된다.

- 기능적 리스크 (Functional Risk)
  제품이 기대한 대로 성능을 발휘하지 못할 경우

- 신체적 리스크 (Physical Risk)
  사용자나 혹은 다른 사람을 신체적으로 위험에 빠뜨리거나, 건강을 해치게 하는 경우

- 재무적 리스크 (Financial Risk)
  지불한 돈의 가치에 제품이 미치지 못하는 경우

- 사회적 리스크 (Social Risk)
  다른 사람들로부터 창피를 당하는 경우

- 정신적 리스크 (Psychological Risk)

사용자의 정신적 건강을 해치는 경우

● 시간적 리스크 (Time Risk)
제품이 마음에 안 들어 다른 제품을 사기 위해 시간과 공을 들여야 하는 경우

이러한 리스크에 소비자가 대응할 수 있는 좋은 방법은 잘 알려진 브랜드를 구매하는 것이다. 직접 경험해보고 만족했던 브랜드라면 두말할 나위도 없다. 브랜드 학자들과 현장에서 브랜드를 경험하는 실무자들 간의 차이가 바로 여기에서 나타난다. 학자들은 연구 및 이론적 근거를 토대로 브랜드의 정의를 내리지만, 실무자들은 브랜드에 대한 직접적인 경험들을 바탕으로 소비자의 감정을 움직이는 데 총력을 기울이며 브랜드 정의를 만들어나간다.

브랜드의 중요성을 강조하고는 있지만, 그렇다고 제품의 품질에 신경 쓰지 않아도 된다는 말은 아니다. 단, 제품의 성능이 한번 노출되면 경쟁자에 의해 금방 복제되어 그 효과가 오래 가지 못한다는 것은 참고하자. MP3 플레이어를 예로 들어보자. 건전지 하나로 들을 수 있는 재생시간이 두 배로 늘어난 제품이 출시된다면, 분명히 소비자들에게는 경쟁력 있는

제품이 될 수 있다. 그러나 그러한 성능은 금방 복제되고, 더 길게 재생할 수 있는 제품이 출시된다.

아커 역시 제품의 특징만으로 브랜드 아이덴티티를 제안할 때의 위험성을 지적하고 있다. 뛰어난 제품으로 승부를 걸어야 승자가 될 수 있다고 생각한다면, 지금의 브랜드 시대에서는 그것만으로는 힘들다는 사실을 말해주고 싶다. 물론 제품이 뒤지면 시장에서 승리하기는 그만큼 힘들어진다. 하지만 No.1 브랜드와 경쟁하는 기업들의 제품이 1등 제품보다 크게 뒤지지 않다는 점도 생각해볼 필요가 있다. 이는 브랜드 힘에서 뒤진 것이다. 제품을 구입하는 고객들은 브랜드에서 나오는 힘을 맹신하는 경향이 짙다.

▌브랜드의 본질 ▌

브랜드는 감정을 지닌 생물이다.

하지만 이러한 명제에 대해서 오해를 해서는 안 된다. 제품이 없으면 아무것도 존재하지 않는 허상이지 브랜드가 아닌 것이다.

지하철이나 거리를 다니다 보면 귀에 이어폰을 꽂고 다니는 젊은 세대들을 자주 보게 된다. 어학 기능, 메모리 저장, 음악 청취 등의 기능을 갖고 있는 MP3 플레이어는 핸드폰만큼이나 대중화된 디지털 세대들의 소품이다. 그들이 디지털 제품을 구입하는 데 우선순위를 두는 것도 브랜드 네임이다. 이러한 브랜드의 차이를 만들어 내는 것이 마케터의 일이며, 그 결과 대개의 소비자들은 자신이 선호하는 브랜드를 갖고 싶어 한다. 즉 경쟁 브랜드마다 '브랜드의 힘'에서 차이가 발생하는 것이다.

소비자의 감정을 움직이는 '브랜드의 힘'을 이해하기 위해서는 브랜드의 본질에 대한 이해가 선행되어야 한다. 광고 전문가 장 마리 드루는 오랫동안 광고를 해오면서 '브랜드는 명사가 아니다. 동사 광고 전문가들에게 브랜드는 살아 움직이는 '어떤 것' 이다. 케퍼러는 '브랜드는 목소리를 가졌다.' 라고 표현하고 있는데 이는 브랜드가 소비자와 대화하는 것임을 잘 설명해준 말이다. 그래서 많은 이들이 브랜드를 '관계 마케팅(Relationship Marketing)' 의 시점으로 보고 있다. 브랜드는 제품과 소비자를 이어주는 관계의 끈인 것이다.

이 끈의 정체가 바로 감정이다. 브랜드는 감정의 끈으로 소비자와 제품을 이어주고 있다. 감정의 깊이가 더해질수록 소비자와 강한 유대감을 가질 수 있다.

인터브랜드의 브랜드에 대한 견해를 살펴봄으로써 앞서 말한 브랜드의 본질을 다시 한번 짚어보자.

브랜드로서의 가치는 다음과 같이 세 가지 층으로 이루어져 있다.

1. 기능적 (functional) 가치
   기능적 가치는 코카콜라가 청량감을 주는 것처럼 제품의 성능을 이야기한다. 하지만 이러한 기능적 가치로만으로는 경쟁사인 펩시콜라와 차별화를 이루지 못한다.

2. 표현적 (expressive) 가치

표현적 가치는 제품에 대해서는 적게 말하는 대신 소비자에 대해서는 더 많이 말한다. 소비자는 애플 컴퓨터가 독창적이며, 인간적인 가치를 지녔다고 생각하여 애플이라는 브랜드를 보고 구매 결정을 내린다. 이러한 가치는 소비자의 감각을 반영하고 있으며, 무엇보다 차별화의 중요한 원천을 제공해준다.

3. 중심적 (central) 가치

중심적 가치는 소비자의 신념체계(system of beliefs)의 핵심으로 들어가는 가치를 말한다. 중심적 가치는 종교적 혹은 국가적, 정치적인 설득으로 구현되기도 한다. 코카콜라는 미국의 1960년대 스타일의 사랑과 평화를 위한 테마송과 함께 했을 때 중심적 가치를 지녔다고 이야기할수 있다. (세계의 위대한 브랜드 들 중에서 – 인터브랜드)

이러한 인터브랜드의 견해는 박충환 교수의 '브랜드 콘셉트 전략적 경영'과도 맞물려 있다.

박충환 교수에 따르면 브랜드 콘셉트는 '기능적 콘셉트'와 '경험적 콘셉트' 그리고 '상징적 콘셉트'로 나뉜다고 한다. 이러한 BCM(Brand Concept Management)이론은 상기의 인터브랜드의 견해와 크게 다르지 않다. 모두 살아 움직이는 브랜드의 전략적 관리에 대한 견해인 것이다.

특허와 저작권도 일정 기간이 지나면 자연스럽게 소멸된다. 그러나 브랜드는 시간이 지나면 지날수록 더욱 선명하게 새겨지고, 더 큰 힘을 갖게 된다. 브랜드란 무엇인지 조금씩 감이 오는가? 단지 식별 기능뿐만이 아니라 브랜드의 본질을 내포하는 정의에 대해서 곰곰이 생각해보자.

▌차별화와 신뢰의 원천, 브랜드 ▌

> 브랜드란 이름, 용어, 사인, 심볼, 디자인 그리고 이러한 모든 것의 조합을 말한다. 이러한 조합은 제품을 판매하는 사람들이 자신의 제품을 경쟁사의 제품과 차별화하기 위한 목적으로 사용되는 것이다.
>
> —필립 코틀러

이는 식별 기능을 강조한 브랜드 정의로 이해하면 되겠다. 마케팅의 축이 브랜드로 옮겨가면서 정의 또한 급속도로 변하게 된다. 다음과 같은 정의들은 마케팅 시대에서 브랜딩 시대로의 전환을 잘 보여주고 있다.

> 브랜드는 시각적 디자인 혹은 이름으로서 경쟁사 제품들과의 차별성을 가져온다. 이런 브랜드는 소비자에게 높은 수준, 일관된 제품의 품질을 확인시켜주는 역할을 제공해준다.
>
> —리처드 코흐

코흐의 정의는 보다 현대적인 정의에 가까운 것으로 차별화와 품질에 대한 신뢰를 주는 브랜드의 역할을 강조하고 있다.

브랜드는 의사 결정에 영향을 끼치는 데이터로서 커뮤니케이션의 수단으로도 사용된다. 특히 소비자에게 초점을 맞춘 산업군에서는 경쟁사의 제품과 큰 차이가 없을 때, 혹은 제품을 판별할 정보가 받쳐주지 못할 때 강력한 영향력을 발휘하게 된다. 브랜드에서 가장 중요한 차별성과 경쟁우위의 수단으로 브랜드가 리더십을 발휘하는 것이다.

-부즈 앨런 앤드 해밀턴

부즈 앨런 앤드 해밀턴은 맥킨지와 같은 경영전략 컨설팅 회사이다. 이들의 브랜드에 대한 견해는 경쟁우위를 창출하는 원천이 바로 브랜드이며 그것을 가능하게 하는 것이 바로 브랜딩이라는 사실에서 나온 것이다.

브랜드는 감정을 지닌 생물로서 소비자와 감정의 교류를 나누게 된다. 감정의 교류가 깊어지면 깊어질수록 강력한 브랜드로 우뚝 서게 된다. 제품의 모든 특징은 경쟁자에 의해 복제가 될 가능성이 높아 '제품만의 차별성' 만으로는 시장에서 오랫동안 살아남을 수 없게 된다. 생물이 고유하듯 브랜드도 고유한 것이어야 한다. 고유하지 않으면 브랜드가 아니다.

'딤채' 라는 브랜드를 떠올릴 때는 다른 회사 브랜드를 떠올릴 때와는 다른 감정이 들 것이다. 경쟁자가 절대로 모방하거나 따라할 수 없는 것, 그것이 바로 브랜드가 지녀야 하는 본질인 것이다. 이러한 사실을 잘 이해하여야 앞으로도 제대로 된 브랜딩을 진행할 수 있다.

SUN	MON	TUE	WED	THU	FRI	SAT

월요일

MONDAY

브랜딩

오늘 우리는 브랜딩에 대해서 살펴볼 것이다. 브랜드는 본질을 알아야 제대로 활용을 할 수 있다. 브랜딩에 들어가기에 앞서 일요일에 살펴본 브랜드에 대해 다시 정리해보자.

켈러는 브랜드와 브랜드가 아닌 것에 대한 구분을 다음과 같이 밝히고 있다. (Keller, *Strategic Brand Management*, Prentice Hall, 1998)

브랜드인 것과 브랜드가 아닌 것을 구분하는 일은 자신의 브랜드를 소비자가 경쟁자와 차별적으로 지각하느냐 아니냐에 따라 판가름이 난다. 소비자가 브랜드를 차별화하여 지각하도록 하는 요소로는 제품 자체의 속성이나 효익 면에서도 발생하지만 눈에 보이지 않는 이미지적 요소들에 의해서도 발생한다.

코닥, 소니, 질레트, 3M 등은 제품 성능에 의해 경쟁우위를 창출하기도 하고 코카콜라, 캘빈클라인, 샤넬 No.5, 말보로 등은 브랜드 이미지로 소비자들에게 다가선다. 어떤 경우에는 눈에 보이지 않는 이미지 연상들이 오히려 브랜드의 차별성을 부각시키는 역할을 하기도 한다.

켈러와 마찬가지로 아커 역시 제품의 차별만으로는 경쟁우위를 점하기 어려운 반면, 눈에 보이지 않는 브랜드 개성이나 리더십 등은 경쟁자가 모방할 수 없는 무형자산이라는 점을 지적하고 있다. 학자들도 정의는 다르게 하고 있지만, 브랜드의 본질에 대해서는 서로 같은 생각을 하고 있는 듯 보인다.

비단 브랜드는 제품에만 한정지어 활용되는 것이 아니다. 박지성이 뛰고 있는 맨체스터 유나이티드 또한 강력한 브랜드 리더십을 발휘한다. 이탈리아 밀라노에 연고지를 둔 AC밀란, 잉글랜드의 첼시, 스페인의 레알 마드리드와 FC 바르셀로나 등의 유럽 축구클럽은 주식시장에 상장될 만큼 막강한 경제력을 지닌 기업과도 같다.

6만 7,700명을 수용할 수 있는 맨체스터 유나이티드의 경기장 올드 트래포드 스타디움은 시즌 동안 6만 7,500명이라는 평균 관중을 불러 모은다. 관중 수입뿐만 아니라 레드 카페, 메가스토어, 축구 박물관 등을 설치하여 관중들을 모으는 데 힘쓴다. 특히 메가스토어는 연간 3천만 파운드 이상의 매출을 기록하고 있다. 또 축구클럽 가운데 최초로 MUTV라는 방송국을 개국하기도 하였다. 이 모두는 1세기가 넘도록 이어온 '맨체스터 유나이티드' 라는 강력한 브랜드에서 기인한 결과이다.

이처럼 브랜드라는 무형 자산으로서 창출해낼 수 있는 경영 이익은 무한하며, 오랜 세월 동안 일관성 있게 유지된다면, 타 브랜드와 견주지 못할 만큼 강력한 리더십을 발휘할 수 있게 된다.

▌브랜딩이란? ▌

무엇이든 본질을 제대로 이해하는 일은 중요하다. 특히 브랜
드처럼 눈에 보이지 않는 가치들은 더욱 그렇다. 이번에는
'브랜딩'에 대해서 알아보고자 한다. 포지셔닝의 저자 알 리
스는 다음과 같이 피력하고 있다.

마케팅에서 가장 중요한 목표는 무엇인가? 광범위한 마케팅의 수
많은 기능들을 아우르는 것은 또 무엇인가?

다소 포괄적이고, 난해한 질문일수도 있지만 눈치 빠른 독자들은
금방 답을 찾아낼 수 있을 것이다. 답은 바로 '브랜딩'이다. 마케
팅은 잠재 고객의 마음속에 하나의 브랜드를 차별되게 구축하는
행위다.

만약 당신이 강력한 브랜드를 구축할 수 있다면, 당신은 남부러울
것이 없는 마케팅 프로그램을 가졌다고 할 수 있다. 그렇지 못하다
면 당신은 광고, 프로모션, PR, 패키지 등 모든 마케팅 행위를 하
는 데, 그리고 주요 목표를 달성하는 데 큰 어려움을 겪게 될 것
이다.

요즘 브랜드 학자들은 기존의 마케팅 개념이 브랜딩 개념으로 새
롭게 대체되었다고 한다. 이러한 현상을 가속시키는 원인은 판매
의 쇠퇴에서 기인한다.

> 브랜딩은 제품 혹은 서비스를 미리 판매하는 것이다. 물건을 파는 데 있어 브랜딩은 가장 효율적인 방법이다. 할인점에 가보라. 누가 판매하고 있는가? 수많은 판매원이 있지만 결국은 브랜드가 물건을 파는 것이다. (Al Ries, *The 22 Immutable Laws of Branding*, Harper Business, 1998)

알 리스의 브랜딩에 대한 개념은 상당히 묘사적이면서도 명쾌하기까지 하다.

> 브랜딩은 비슷비슷한 소들이 우글거리는 목장 안에서 자신의 소를 구분해낼 수 있도록 하는 행위이다.

이런 브랜딩의 정의는 브랜드의 기원에서 살펴보았듯 내 가축과 남의 가축을 다르게 식별하고자 하는 일에서 출발한다. 제품들 간에 큰 차이를 보이지 않는 동질성 시대에서 마케팅적 관점으로 바라보는 브랜드의 기능적 역할에 매우 충실한 정의라고 할 수 있다.

또 다른 마케팅 전문가의 견해를 살펴보도록 하자.

> 브랜딩은 단순한 이름보다 더욱 많은 지각적 혜택을 전달해주는

아이디어, 콘셉트, 철학 등을 담고 있다. (D. Wendal Attig, *Blow the Whistle on Your Competition*, Ampersand Pub, *1999*)

이 정의는 실제 제품보다 더욱 많은 효익을 전달해주는 '브랜딩' 이라는 개념으로 접근한 것이다. 브랜딩은 '실체 + α' 를 부여하는 개념이라고 이해하면 될 것이다.

그렇다면 식별은 어디에서 오는 것일까? 단지 이름만을 경쟁자와 다르게 짓는 것만으로 브랜딩이 성립된다고 볼 수 없다. 진정한 브랜딩이란, 나만의 효익을 잠재 고객의 가슴속에 심어주는 것이다. 효익은 제품에서 올 수도 있고, 감정에서도 올 수 있다. 이를 보고 알 리스는, 세상에는 똑같은 제품이 존재하지 않는다는 사실을 고객의 마음속에 심어주는 행위라고 말했다.

▌콜라의 브랜딩 ▌

코카콜라가 미국을 상징하는 '오리지널'이라면 펩시는 '젊음의 상징'을 나타낸다. 이런 경우처럼 브랜딩은, 같은 효익을 제공하는 제품일지라도 소비자들로 하여금 각각 다르게 지각되도록 해줘야 그 역할을 다했다고 할 수 있다.

콜라의 본원적 혜택은 무엇인가? 청량감이다. 그러나 청량감은 코카콜라도 제공하고 펩시도 제공한다. 따라서 '누가 더 청량감을 주고 있느냐?' 라는 질문만으로는 '뛰어난 품질의 제품'을 골라내기가 힘들다. 두 콜라의 차이는 어디에서 나오는 것일까?

그것은 바로 제품 외연의 것, 즉 브랜드에서 나온다. 제품을 둘러싸고 있는 눈에 보이지 않는 외연에서 비롯되는 것이다. 즉, 두 콜라가 서로 다르게 지각되도록 하는 요인에 제품 측면보다는 브랜드 측면이 더 큰 힘을 발휘하는 것이다. 그렇다고 청량감을 무시해도 된다는 뜻은 아니다. 콜라 광고는 콜라 광고다운 느낌을 전달해야 더 큰 효과를 얻을 수 있다. 어느 제품이나 반드시 내포해야 하는 원천적인 니즈는 있게 마련이다. 그러한 니즈를 기본으로 갖고 있지 않고서는 마케팅 커뮤니케이션에서 유리한 고지를 선점할 수 없게 된다.

브랜딩은 제품 측면에서 출발할 수도 있고, 브랜드 측면에서
출발할 수도 있다. 또 제품과 브랜드 양 측면에서 함께 출발
할 수도 있다. '쾌변 요구르트'는 제품 속성, 브랜드, 브랜드
네임 등 삼박자 모두가 일치한 경우다. '쾌변 요구르트'라는
브랜드 네임만 보고도 소비자가 왜 구입을 해야만 하는지, 구
매 동기를 확실하게 심어준 경우다. 브랜드 네임은 브랜딩을
효율적으로 만들어나가기 위해 꼭 필요한 수단이다. 브랜드
네임을 설정하기에 앞서 새로운 브랜드가 어떤 영역에서 활
동할 것인가를 살펴보는 일은 굉장히 중요한 일이다.

알 리스는 이것을 두고 '선 카테고리 후 브랜드 네임'으로 정
리하고 있다. 새로운 카테고리를 먼저 창조하고, 그 카테고리
를 대표하는 브랜드 네이밍을 하는 것이 중요하다는 말이다.

▌ 브랜딩 사례들 ▐

디즈니라는 브랜드 네임을 생각해보자. '디즈니' 하면 혜택을
받는 주요 대상으로 어린이가 떠오른다. 즉 디즈니라는 브랜
드 네임은 청소년 이상의 대상에게는 효과적이지 못할뿐더러
주요 고객층이었던 어린이가 성장한 후에는 더 이상 고객 리
스트에 이름을 올리지 못한다는 리스크를 안고 있다. 여기서
'디즈니'를 예를 든 이유는 '디즈니'라는 브랜드 네임이 포함
하고 있는 모든 효익을 부정하기 위해서가 아니라 다양한 고
객의 니즈를 반영하지 못하는 부분을 설명하기 위해서이다.

그렇다면, 다른 사례를 한번 알아보자. 미국 GM 자동차 브랜
드인 새턴(Saturn)은 어떠한가? 이는 소비자들로 하여금 전혀
다른 차로 느끼도록 하기 위해 등장시킨 브랜드 네임이다. 기
존의 GM과 다르게 인식시키려고 공장에서부터 모든 작업과
정을 GM과는 다르게 설계했던 것이다. 이런 방식은 요즘도
많이 사용되고 있다.

요즈음 제품들 간에 성능, 디자인, 서비스 등의 차이가 거의
존재하지 않는 경우가 점점 더 많아지고 있다. 브랜딩은 이러
한 차이가 없을 때 더욱 유효하게 작용한다. 브랜드의 본질—

감정을 지닌 생물—을 잘 활용한 것이라고 할 수 있다. 지펠, 앙드레 김, 애니콜 등이 감정적인 측면을 잘 활용한 사례이다. 이렇듯 브랜드 본질을 잘 활용한 예로 디지털 제품, 자동차, 전자제품 외에도 대학을 들 수 있다.

엘리트 대학 1순위를 뽑으라고 하면 당신은 어디를 말하겠는가? 대학마다의 경쟁력을 일일이 분석하지 않고서 즉흥적으로 나올 수 있는 답안 1순위는 바로 하버드 대학일 것이다. 하버드 비즈니스 리뷰나 하버드 비즈니스 스쿨은 그것만으로도 권위의 상징으로 자리 잡았다.

연세 우유를 기억하는가? 연세대학교 또한 수익사업을 할 만큼 경쟁력 있는 브랜드로 자리를 잡았다. 부가적인 서비스조차 브랜딩이 가능하다. 황우석 박사 논문 파동의 진원지인 '네이처'는 과학 전문지로서는 세계적 권위를 부여 받은 브랜드로 입지를 굳혔다.

브랜딩은 브랜드를 떠올리면서 소비자 스스로 차별화된 효익을 느낄 때 제 역할을 다 했다고 볼 수 있다. 브랜드 네임이 브랜딩의 시작이지만 전부는 아니라는 사실도 강조하고 싶다. 의미 없는 조어인 제록스나 코닥 등이 좋은 예이다. 브랜드 네임도 중요하지만, 반드시 네임 자체에서 효익을 전달해야만 좋은 이름으로 평가받는 것만은 아니다.

알 리스가 지적한 '카테고리를 창조하는 브랜드 A가 전체 카테고리를 대표할 수 있다.' 는 사실도 꽤나 흥미롭다. 이러한 것을 브랜드 네임의 일반 명사화라고 한다. 화장지하면 '크리넥스', 복사기 하면 '제록스', 즉석 밥하면 '햇반' 이 떠오르는 것처럼 이는 브랜드가 명사화 되어 소비자의 인식 속에 깊숙이 자리했음을 의미다. 그렇게 되기 위해서는 오랜 시간 동안 일관성을 유지하여야 하며, 브랜드 일관성이 유지될수록 브랜드의 힘도 강화된다.

▌브랜딩의 시대별 의미 ▌

다음은 미국의 한 브랜드 전문가가 브랜드의 의미를 시대별로 표현한 것이다.(John Mariotti, *Smart Things to Know About Brands & Branding*, Capstone, 1999)

- **제1시대 (First Age)**

  가축들을 구분하기 위해 브랜딩을 하는 것처럼 오직 차별화를 위한 브랜드의 기능을 강조한 시기이다. 이 시기의 브랜드 목표는 가능한 많은 양의 돈을 소비자의 지갑으로부터 나오게 하는 것에 그 목표가 있다.

- **제2시대 (Second Age)**

  수없이 많은 제품들과 서비스로부터 탈피하여 브랜드가 대표하는 것을 명확히 하는 시기이다. 브랜드 목표는 가능한 소비자의 마인드 셰어를 늘리는 것에 그 목표가 있다.

- **제3시대 (Third Age)**

  브랜드로서 세상의 이데올로기까지 성취하는 시기이다. 목표는 가능한 많은 사람들의 생활을 점유하는 것이고 심지어 소비자의 정신적인 부분의 점유율을 늘리는 것에 그 목표가 있다.

  ※박충환 교수의 BCM 이론을 참고하라.

SUN MON **TUE** WED THU FRI SAT

화요일

TUESDAY

브랜드 네임

디자이너 앙드레 김은 브랜드 네임을 잘 활용한 대표적 예이다. 그는 예명을 사용함으로써 좀 더 자신의 가치를 극대화했고, 대중들에게는 일관된 이미지로 어필할 수 있었다.

물론 브랜드의 실체는 앙드레 김의 뛰어난 디자인 실력에 있다. 탁월한 제품으로 실재하고 있는 것이다. 하지만 그러한 실체에 본명을 사용했다면 지금의 위치에 오르기까지 조금 더 오랜 시간이 걸렸을지도 모른다. 그의 예명인 앙드레 김과는 효율성 측면에서 비교가 되지 않는다는 뜻이다. 이처럼 뛰어난 실체의 제품이 있다 하더라도 차별화하기에는 한계가 있다. 소비자에게 새로운 감정을 불러일으킬 수 있는 브랜드 네임이 중요해진 까닭이기도 하다.

오늘 살펴볼 순서는 다음과 같다.

- 전략적인 브랜드 네이밍
- 브랜드 네이밍 리스크
- 브랜드 네임 스펙트럼
- 브랜드 네이밍 프로세스

█ 전략적인 브랜드 네이밍 █

좋은 브랜드 네임의 조건은 무엇일까? 딤채, 스타벅스, 구글, 애니콜, 루이비통 등 좋은 브랜드 네임들은 브랜드 파워를 극대화하는 힘을 지니고 있으며, 시장의 잠재 고객들에게 어필하는 역할에도 충실하고 있다.

1) 지펠

지펠이 나오기 전까지, 우리나라 냉장고에는 양문형 냉장고가 거의 없었다. 월풀 등 외제 브랜드만이 양문형이 나와 있었으며 지금처럼 대중화되지도 않았었다. 당시 부유층의 상징이었던 양문형 냉장고를 보다 세련감을 주면서도 고품격의 이미지로 소비자들에게 다가서도록 하기 위해 삼성전자는 두 가지 전략을 사용했다.

- 브랜드 네임을 외제 냉장고와 경쟁할 수 있도록 지을 것
- 모 브랜드인 삼성전자를 감출 것

삼성전자라는 글로벌 브랜드를 왜 감추느냐고 반문하는 사람들도 있을 것이다. 그러나 지금은 삼성전자가 글로벌 브랜드

로 인식되고 있지만, 당시에는 외제 브랜드가 한 수 위였다.

이렇듯 브랜드 네임은 소비자의 마음에 감정을 심어주는 첨병 역할을 수행한다. 지펠이라는 브랜드 네임에 걸맞은 실체, 즉 제품이 있으면 더욱 효과적이다. 지펠은 앙드레 김의 사례와 같이 브랜드 네임을 잘 활용한 예라고 볼 수 있다. 지금도 '지펠' 브랜드 네임의 파괴력은 아직도 그 위력이 건재하다.

2) 쾌변 요구르트

파스퇴르에서 최근 출시한 요구르트 브랜드 네임이 '쾌변'이다. 이 브랜드 네임은 제품, 즉 요구르트의 여러 효익 중 '변'에 초점을 맞춘 경우다. 브랜드 네임으로 아예 제품의 속성에 포커스를 맞추어 커뮤니케이션을 주도하고 있는 것이다.

사람들이 '변'을 건강의 척도로 인식하고 있음을 노린 전략적 판단에서 지어진 이름이다. 앙드레 김과 지펠은 의도된 감정을 불러일으킬 수 있는 브랜드 네이밍이고, 쾌변은 속성이 바로 드러나도록 하는 데 초점을 맞춘 네이밍이다. 사례에서 보듯 브랜드 네이밍은 브랜딩에 있어 중요한 전략적 행위이다.

3) LG 휴대폰 화통

지금은 기본 소모품이 되었지만, 휴대폰이 대중화된 지는 그리 오래되지 않았다. LG의 초기 휴대폰 브랜드 네임을 여러분은 기억하는가? 바로 '화통' 이었다. 하지만 화통은 시장을 잠식하기도 전에 튕겨져 나오고 말았다. 광고비 투자도 많이 했음에도 화통은 왜 실패했을까?

화통이라는 브랜드 네임은 '언제 어디서든지 화통하게 터진다.' 의 메시지를 담고 있다. 즉 휴대폰의 제1 속성인 '잘 터진다.' 를 브랜드 네임 안에 담은 것이다. 애니콜도 마찬가지이다. '언제나 잘 터진다.' 의 메시지를 함축하고 있는 애니콜은 화통과는 달리 큰 성공을 거두었다. 그렇다면 '화통' 과 '애니콜' 의 차이는 어디에서 오는 것일까?

휴대폰은 첨단, 서구적이라는 인식이 강하다. 시장 형성 초기에는 더욱더 그랬을 것이다. 여기서 화통이라는 이름은 첨단이라는 이미지와 부합하는 데 실패를 했던 것이다. 디지털 제품은 주요 소비 트렌드를 주도하는 소비자층이 10대, 20대이다. 젊은 층에게 '화통' 보다 '애니콜' 이 쉽고 세련되게 다가왔던 것이다.

▌브랜드 네이밍 리스크 ▌

알 리스는 제록스(XEROX)를 좋은 브랜드 네임의 하나로서
사례로 꼽고 있다. 짧고 독특하며 첨단기술을 반영하고 있다
는 것이다. 물론 제록스가 최초로 복사기라는 카테고리를 연
선두주자인 것을 별도로 하고 말이다. 소니와 코닥 역시 의미
가 없는 조어이다. 하지만 브랜드 네임만으로도 '첨단'이라
는 느낌을 불러일으키고 있다.

그렇다면 요즘 유행처럼 번지고 있는 긴 이름은 어떠한가?
'2% 부족할 때', '참나무통 맑은 소주' 등은 브랜드 네임이
길었음에도 불구하고 소비자에게 어필한 대표적인 브랜드 네
임들이다. 하지만 2%나 참통으로 축약해서 불리듯이 짧은
브랜드 네임이 보다 경제적이다. 소비자의 마음은 본능적으
로 경제적, 효율적인 것을 꾀하는 속성을 가지고 있다. 이는
일반적인 브랜드 네이밍의 법칙을 깬 케이스이기도 하다.

브랜드 학자인 케퍼러는 제품 특징을 서술해주는 브랜드 네
임의 위험성을 지적했다. 그 이유는, 서술형 브랜드가 초기에
는 즉각적으로 소비자에게 어필될지 모르나 결국엔 일반화된
다는 문제가 일어나기 때문이다. 일반적인 브랜드 네임은 또

법적 보호를 받지 못한다. 즉 미 투(me too) 브랜드 네임이 넘쳐나는 것이다. '갈아 만든 배'가 시장에서 좋은 반응을 얻으면, 곧바로 '갈아 부순 배' 등의 비슷한 제품이 예닐곱 가지 이상이 나온다. 미 투 브랜드에 의해 시장이 확대되는 경우가 있을 수도 있지만, 장기적으로 봤을 때 법적으로 보호받을 수 없다는 것은 잠재적 리스크라 할 수 있다.

알 리스는 이러한 브랜드 네이밍의 위험성에 대해 다음과 같이 설명하고 있다. 일반적인 브랜드 네임의 문제는 경쟁자로부터 자신의 브랜드를 차별화하는 능력을 상실하는 데 있다. 식품 자재 분야에서 Nature's Resource는 성장하는 시장에서 매년 5백만 달러를 투자하고 있다. 하지만 지역 매장에 가보면 다음과 같은 제품들을 쉽게 볼 수가 있을 것이다.(Al Ries, *22 Immutable Laws of Branding*, Harper Business, 1998)

Nature's Answer, Nature's best, Nature's Bounty, Natures's gate, Nature's herb, Nature's Plus, Nature's Secret, Nature's Sunshine Product

여러분은 이 브랜드 네임들을 보고 어떤 생각이 드는가? 비슷비슷한 브랜드 네임들이 이 외에도 많다면, 과연 선두 브랜드를 기억해낼 수가 있을까 하는 의심마저 든다. 물론 수없이 많은 광고비를 쓴다면 선두 브랜드로서 소비자들에게 인정받을 수 있게 되나, 기업의 입장에서는 경제적, 심적 부담감을 쉽게 떨쳐버릴 수 없을 것이다.

▌브랜드 네임 스펙트럼 ▌

브랜드 네임은 복잡한 상황을 고려하여 보다 전략적이고 전
문적으로 다뤄져야 한다. 하지만 여기서는 브랜드 전략으로
서 브랜드 네임의 본질적 중요성을 다루고자 한다. 보다 쉽게
브랜드 네임을 이해할 수 있도록 수평선 하나로 준거점을 제
시하는 스펙트럼을 살펴보자.

맨 왼쪽에는 의미가 전혀 없는 네임(Freestanding)을, 오른쪽
에는 제품을 서술하는 네임을 적는다. 중간에는 연상되는 네
임(Associative)을 두어 모든 브랜드 네임을 수평선 하나로 설
명할 수 있도록 하는 모델이다.

[그림 2] 브랜드 네임 스펙트럼

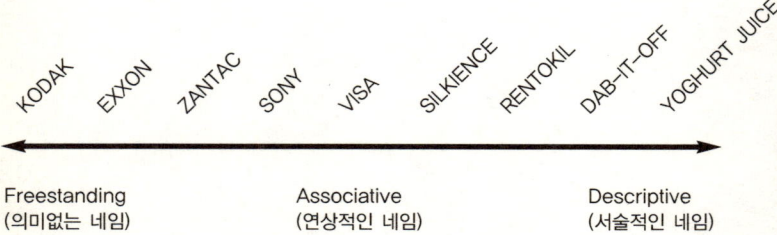

Freestanding   Associative   Descriptive
(의미없는 네임)   (연상적인 네임)   (서술적인 네임)

(Interbrand, *BRANDS*, 1998, NY University, p34-45)

연상적인 브랜드 네임은 브랜드가 전달하고자 하는 메시지를 쉽게 전달할 수 있으면서도 법적 보호도 함께 받을 수 있다. 맨 왼쪽의 의미가 전혀 없는 조어 네임은 법적 보호를 완벽하게 받을 수 있으나, 커뮤니케이션하는 데 많은 시간과 비용을 들여야 한다. 그러나 이는 기업의 의도대로 색깔을 칠할 수 있다는 장점이 있다. 따라서 브랜드 네임은 옳고 그름의 흑백 논리로 풀 수 있는 문제가 아니며, 이러한 장단점을 고려하여 전략적으로 선택하는 것이 보다 효과적이다.

▌브랜드 네이밍 프로세스 ▌

전략적 고려사항

1) 제품이 혁신적인가? 그렇지 못한가?

제품이 혁신적일수록 소비자의 관심을 유발할 수 있으며, 경쟁사와 차별화를 이룰 수 있게 된다. 기존 제품들의 수준이 비슷하다면 효과는 더욱 크다. '이 제품의 성능은 여기까지였다.'를 확 뒤집는 제품일수록 소비자의 구매 욕구는 강해지게 마련이다. 이 때 차별화를 부각시키는 브랜드 네임을 짓는다면 시장을 잠식해나가는 데 유리한 고지를 차지할 수 있게 된다.

2) 제품이 글로벌화 될 수 있는가?

일반적으로 글로벌 브랜드는 모든 나라에서 같은 이름, 같은 패키지 디자인을 사용한다. 거의 모든 나라에서의 소비 타깃이 유사하기 때문인데, 일관성을 유지하는 제품일수록 큰 경쟁력을 갖게 된다. LV 이니셜이 겹쳐진 루이비통 모노그램 캔

버스 가방은 전 세계 여성들이라면 한번쯤 갖고 싶어할 것이다. 루이비통 가방은 견고함은 물론 꽃과 별 무늬라는 편안한 디자인으로 150년이 넘는 지금까지도 사랑 받고 있다. 무엇보다 루이비통이라는 브랜드 네임 자체만으로도 고객을 사로잡는 힘이 존재하는데, 세계 어디를 가도 고객들의 브랜드에 대한 감정이 일관성을 유지하는 것에서 기인한다고 볼 수 있다.

3) 법적 보호의 여부는 어떠한가?

경쟁사가 모방할 수 없는 특허 및 법적 장치로 독점적 위치를 선점할 수 있다면, 서술형 브랜드 네임도 유용하게 사용된다. 그러나 경쟁사가 모방할 수 있는 길이 열려 있다면, 법적 보호를 받을 수 있는 브랜드 네임인지 판단하여 결정해야 한다.

브랜드 네이밍 개발 프로세스

첫째, 제품 혹은 서비스를 둘러싼 제반 환경을 탐사해야 한다.
둘째, 브랜드 네임의 목표를 설정한다.
셋째, 크리에이티브 테마를 설정, 브랜드 네임을 개발한다.

넷째, 창조된 브랜드 네임들을 테스트 하여 국내외적으로 검토를 거친다.

다섯째, 최종적으로 선택한다.(Interbrand, *Brands*, NY University, 1998)

효율적인 브랜드 네임

미국의 마케팅 커뮤니케이션 컨설턴트인 마르코니(Joe Marconi)는 브랜드 네임이야 말로 브랜드 마케팅의 첫 출발점이라고 피력하며, 다음과 같은 브랜드 네임의 조건을 들고 있다. (Joe Marconi, *Brand Marketing*, NTC, 1999)

- 글자 수가 적고, 단순한 네임이 좋다.
- 무겁고 잘난 체하는 이름보다 가볍고 발음이 용이한 네임이 좋다.
- 이름에서 제품의 특징과 속성이 무엇인지 드러내는 것이 좋다.

이러한 조건에 잘 맞는 예가 '신라면' 이다. 브랜드 네임 자체에서 매운 라면이라는 특징을 충분히 보여주고 있다. 물론 브랜드 슬로건으로 '사나이 울리는'을 내세우고 있지만 그 자체만으로도 훌륭한 커뮤니케이션을 수행하고 있는 것이다.

좋은 브랜드 네임의 조건을 정리하면 다음과 같다.

1. 감정을 지닌 생물로서 소비자와의 교감까지 고려해야 한다.
2. 진입하려는 타깃 고객의 마음을 헤아려야 한다.
3. 장기적으로 브랜드의 비전을 가능해야 한다.
4. 경쟁자와 차별화되며, 법적 보호를 받을 수 있어야 한다.
5. 가급적 짧고 발음하기 좋으며 차별성이 드러나야 한다.
6. 마케팅 투자 자원을 고려하여야 한다.

| SUN | MON | TUE | WED | THU | FRI | SAT |

수요일
WEDNESDAY

브랜드 아이덴티티

브랜드 이미지는 소비자의 마음속에 쌓여 있는 브랜드에 대한 과거의 기억과 감정들이다. '브랜드 이미지'로만 브랜드를 바라보면, '과거의 그늘' 속에서 벗어나지 못하게 된다.

따라서 브랜드 학자들은 이러한 브랜드 이미지라는 개념의 한계를 벗어날 수 있는 보다 능동적이고 획기적인 개념을 생각하게 되었다. 그것이 바로 '브랜드 아이덴티티'라는 개념이다. 이렇듯 브랜드 이미지로 대표되던 브랜드 이론은 다시 한 번 혁신되게 된다.

다음과 같은 순서로 살펴보도록 하자.

- 브랜드 이미지
- 브랜드 연상
- 브랜드 아이덴티티

▌브랜드 이미지 ▌

이미지란 '마음에 맺히는 상, 즉 심상'을 의미한다. 브랜드 이미지가 중요하다는 말을 수없이 들었을 것이다. 이미지 정치, CEO 이미지, 기업 이미지, 제품 이미지 등 이미지는 경영전략과 맞물려 다양하게 활용되며, 그 역할은 더욱 중요해지고 있다. 브랜드 이미지란 일반적으로 소비자의 마음속에 들어 있는 특정 브랜드에 대한 기억이나 인상 등을 말한다. 켈러는 이에 대해 다음과 같이 정의를 내리고 있다.

> 브랜드 이미지란 소비자의 기억 속에 들어있는 브랜드에 대한 연상들이 투영됨으로써 나타나는 브랜드에 대한 지각들이다.

어느 한 브랜드의 브랜딩이 잘 되어 있다면 대개 특정한 기억으로 이미지가 모이는 결과가 나올 것이다. 세기의 여배우 오드리 헵번을 떠올려보자. 물론 오드리 헵번에 대한 인상은 개인마다 조금씩은 차이가 있다. 하지만 그녀의 이름을 떠올리면 가장 먼저 청순함이라는 심상이 떠오른다. 그렇다면 엘리자베스 테일러는 어떤 심상이 떠오르는가? 머릿속에 그녀의 우아함이 쉽게 그려진다.

이렇듯 어떤 브랜드에 대해 특정한 분야로 이미지가 모이고, 그것이 브랜드를 쉽게 인식하도록 해주는 대표성을 지닐 때, 우리는 브랜드가 차별화 되었다고 말한다. 긍정적이고 독특한 개성까지 갖췄다면, 금상첨화일 것이다. 브랜드 이미지란 쉽게 말해 소비자가 브랜드에 대해 마음속에 가지고 있는 특정한 지각이자 연상이며, 기억을 말한다. 이러한 브랜드 이미지는 마케팅에 있어 중요한 개념으로 인식되어 오고 있다. 광고 전문가인 오길비는 1960년대에 브랜드 이미지 전략을 주창하여 현재까지 그 영향력을 행사하고 있다.

● 브랜드 개성 (Personality)

브랜드 이미지 전략은 결국 브랜드 개성을 창출하는 데서 시작된다. 브랜드 개성이란 사람마다 독특한 개성이 중요하듯, 브랜드도 자신만의 개성을 창출함으로써 고객이 쉽게 인지할 수 있도록 하는 장치를 말한다. 브랜드 개성이 고유할수록 브랜드에 대한 매력이 높아지고, 고객과의 정서적 감정적 유대를 강화할 수 있다.

▮ 브랜드 연상 ▮

브랜드 연상이란 브랜드를 보고, 듣고, 접할 때 그와 관련된
여러 기억들이 떠오르는 것을 말한다. (Keller, 1998)

1) 속성과 관련된 연상

속성이란 제품 혹은 서비스를 특징짓는 서술적인 부분으로
소비자는 그러한 속성을 소비와 연결시킨다. 이러한 속성은
크게 제품과 관련된 속성(Product-Related Attributes)과 제품
과 관련이 없는 속성(Non-Product-Related Attributes)로 나
뉜다.

제품과 관련된 속성이란 제품의 성능과 관련된 것으로 물성
적인 특성들을 말한다. 예를 들어 요구르트는 변을 잘 보게
해준다, 콜라는 청량감을 준다는 식으로 말이다. 밥솥이 '황
동'이라든지 '메탈'이라든지 하는 것도 물성적 특성의 속성
에 해당한다. 제품과 관련이 없는 속성으로는 가격, 사용자,
브랜드의 개성 혹은 감정이나 경험을 칭한다.

2) 효익과 관련된 연상

효익이란 소비자가 제품을 구매하여 얻는 혜택을 말한다. 효익은 기능적 효익, 경험적 효익, 상징적 효익 등으로 구분할수 있다. '쾌변 요구르트를 마시면 변을 잘 볼 수 있겠다.' 가기능적 효익의 대표적인 사례이다. 경험적인 효익은 경험에서 우러나오는 감정과 인식적인 자극을 말한다. 어떤 샴푸를썼더니 머릿결이 한결 부드러워졌다 혹은 두피 건강에 도움이 되었다는 식을 일컫는다. 상징적 효익은 자아를 나타내는배지 역할을 말한다. 미국의 모터사이클 브랜드인 할리 데이비슨의 핵심적 가치는 자유와 파워다. 독수리 로고, 서부시대의 영웅을 떠올리는 복장, V-트윈 엔진에서 나오는 엄청난 굉음 등으로 소비자들에게 강한 남성다움과 자유로움을 불러일으키는 상징적 효익의 대표적 브랜드다.

3) 태도와 관련된 연상

태도의 사전적 의미는 어떤 대상에 대한 인식과 감정이 이미성립되어 있어 거기에 입각하여 대응할 준비가 되어 있는 상태를 말한다. 브랜드 이론에서는 브랜드에 대한 종합적인 평가를 뜻한다.

[그림 3] 켈러의 브랜드 지식

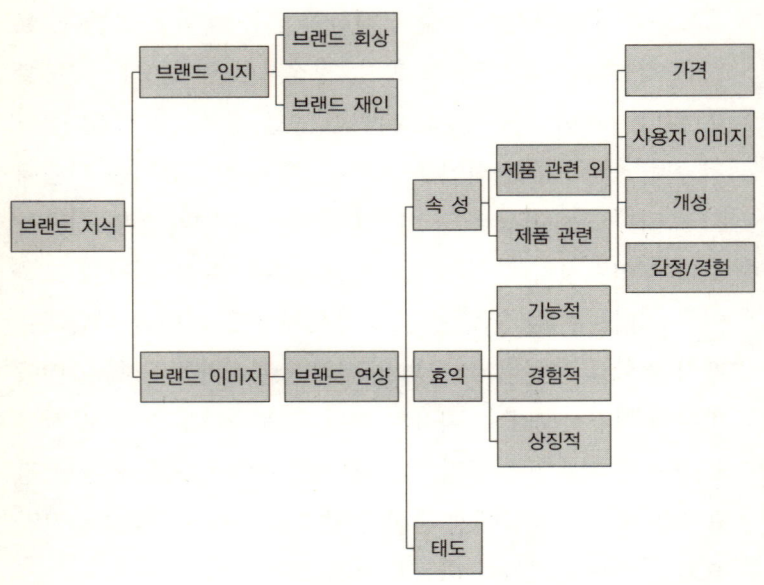

(Keller, *Strategic Brand Management*, Prentice Hall, 1998)

아커가 정의하는 브랜드 연상

> 브랜드 연상은 브랜드에 대한 기억들과 관련된 모든 것들이다."
> (Aaker, *Managing Brand Equity*, Free Press, 1991)

후에 아커는 브랜드에 대한 연상은 곧 브랜드 아이덴티티에서 기원하는 것으로 입장을 다시 정립하고 있다.(Aaker, *Building Strong Brands*, Free Press, 1996) 즉, 브랜드 이미지나 연상은 결과일 뿐, 그러한 것을 창출하는 역할은 브랜드 아이덴티티가 담당하고 있다는 것이다. 나무로 비유하면, 브랜드 아이덴티티는 나무의 뿌리에 해당되는 것이고, 브랜드 이미지 혹은 연상은 뿌리에서 자라나는 가지나 줄기 등으로 생각하면 좋을 것이다. 여기에서는 초기의 브랜드 이론과 브랜드 학자들의 브랜드 론을 다양하게 살펴보는 데 의의를 두자.

> 브랜드 이미지란 브랜드에 대해 소비자가 지각하고 있는 결과물로서 그것은 연상으로부터 기인하는 것이다. 연상들의 타입은 속성, 효익, 태도로 구분된다.

브랜드 이미지의 상당 부분은 제품의 속성과 관련된 연상 이미지가 많다. 그것은 실체를 가진 브랜드 이미지를 창출하고

[표 1] 브랜드 마케팅의 관점 변화 (Kapferer,1992)

연도	1960년대	1980년대	1990년대 이후
관점	브랜드 이미지	브랜드 포지셔닝	브랜드 아이덴티티
주창자	데이빗 오길비	잭 트라우트, 알 리스	케퍼러, 아커, 업쇼

자 하는 기업들의 노력 때문이기도 하다. 아커는 그의 브랜드 자산론에서 연상들의 가치에 대하여 상세히 설명하고 있다.

아커가 말하듯이 브랜드는 제품 이상의 것이다. 제품 이상의 것이란 제품 속성을 포함한다는 뜻으로, 제품 속성과 제품 외적인 속성에 대한 모든 것이 융합되어 있다고 이해하면 될 것이다.

과일과 믹서를 놓고 비유를 해보자. 믹서에 들어가는 원재료, 즉 과일들이 바로 제품 속성과 제품 외적 속성들이며, 융합되어 최종적으로 나온 액상이 바로 소비자와 교감을 이루는 감정이다. 신선한 재료를 사용하면 주스의 맛도 더욱 풍부해지듯, 소비자도 좀 더 풍부하게 브랜드와 교감을 나눌 수 있게 된다.

[그림 4] 브랜드 감정이란?

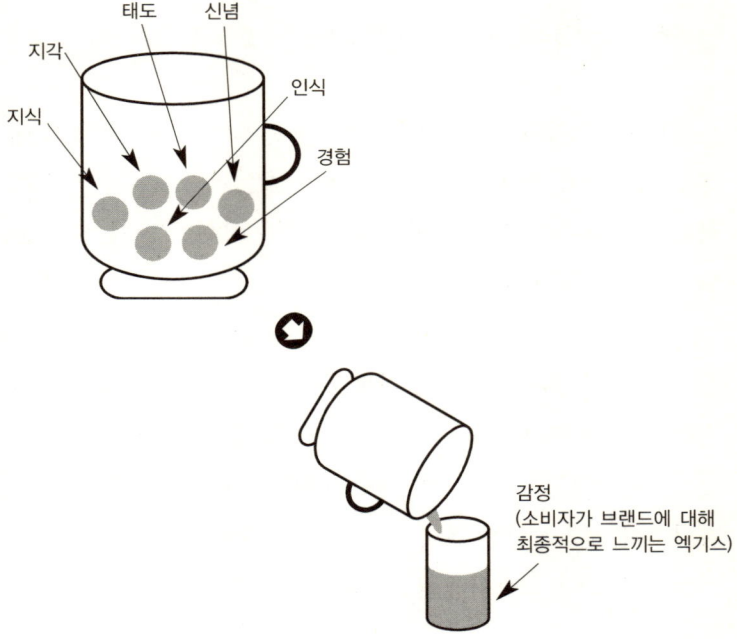

지식
지각
태도
신념
인식
경험

감정
(소비자가 브랜드에 대해
최종적으로 느끼는 엑기스)

▌ 브랜드 아이덴티티 ▐

> 브랜드 아이덴티티는 브랜드를 대표하는 단 한 가지 생각이다.

브랜드 아이덴티티는 브랜드 간의 경쟁에서 경쟁우위를 확보해주는 브랜드 마케팅의 핵심이며 브랜드에 대해 강한 응집력을 부여해준다. 경쟁 브랜드와 유사한 이미지가 될 수 있는 여지 자체를 없애주는 것이다.

케퍼러는 비슷한 제품들로 가득 찬 현실을 두고 동질성 마케팅(Similarity Marketing) 시대라고 표현하였다. 할인매장에 가면 같은 기능, 같은 효익을 주는 대체품 혹은 경쟁품들이 얼마나 많은가? 이러한 유사 마케팅의 시대에서는 브랜드가 하나로 응집하여 소비자에게 제시되지 않으면 오랫동안 살아남기 힘들다.

지동설과 천동설의 차이는 곧 브랜드 이미지와 브랜드 아이덴티티의 개념 차이로 보면 된다. '지구를 두고 태양이 도는가? 아니면 태양을 두고 지구가 도는가?' 와 같은 이치이다. 그래서 케퍼러는 "브랜드 관리의 요체는 아이덴티티를 관리하는 것이어야 한다."고 역설하고 있다. 아커 역시 브랜드 자산론 이후 "브랜드를 구축한다는 것은 브랜드 아이덴티티를 구축하는 것이다."라고 피력했다.

애플 컴퓨터의 브랜드 아이덴티티는 'Think Different'이다. 이것은 애플과 애플 직원, 유통점과 협력 업체, 고객에게 왜 애플을 사랑해야 하는지를 단순하고 강력하게 설명해주고 있다. 또한 국내 저가 화장품 시대를 연 미샤와 더 페이스 샵의 아이덴티티인 'Quality Base'와 'Natural Story'는 두 브랜드가 지향하는 방향과 차별성을 잘 보여준다. 이렇듯 파워 브랜드는 그것을 뒷받침해줄 만한 아이덴티티로 소비자를 설득시킬 수 있어야 한다. 여기서 가장 중요한 사실은 브랜드 아이덴티티를 정하면 일관성을 가지고 집중해야 한다는 점이다.

요즈음 검색시장에서 경쟁하는 포탈 브랜드들을 살펴보자. 네이버는 지속적으로 검색에만 집중해 왔다. 반면에 다음은 어떠한가? 다양한 사업에 투자하느라 검색에 집중을 하지 못했다. 그 결과 어떤 일이 일어났는가? 네이버의 가치는 해마다 급등했다. 네이버의 검색시장 점유율은 70%에 육박한다. 검색시장의 스페셜리스트 브랜드로 이미 시장을 선점했고, 나머지 포탈들은 그 주변에 머물고 있다. 야후나 엠파스 또한 검색의 주변에서 맴돌기만 할 뿐 큰 성과를 보이지 못하고 있다.

이러한 이유는 네이버가 고객들에게 '검색은 네이버' 라는 인식을 심어주는 데 성공했기 때문이다.마치 신라면이 한국인의 매운맛 라면 시장을 장악했을 때 타 회사가 열라면 등으로 경쟁을 하려고 해도 좋은 성과를 보지 못했던 것처럼 말이다. 이미 검색은 네이버가 소유한 영역이 되어버린 것이다. 이로써 네이버는 더욱 많은 수익을 얻게 되었고, 그만큼의 마케팅 자원을 확충할 수 있게 되었다.

브랜드 아이덴티티 설정

브랜드 아이덴티티를 설정하는 일은 브랜드에 영혼을 부여하는 것과도 같다. 브랜드 아이덴티티를 설정하는 데 있어 첫 단계는 브랜드와 관련한 모든 환경을 살펴보는 것이다. 제품과 브랜드, 조직과 경쟁 관계, 트렌드 등이 그것이다. 그러한 원천은 소비자 마음속에 비추어봐야 한다는 기본 전제를 깔고 있다. 마케팅은 소비자 마음속 인식의 싸움이라고 설파한 잭 트라우트와 알 리스의 의견과도 같은 맥락이다.

브랜드 구축은 브랜드 아이덴티티를 구축하는 일이다. 위 그

[그림 5] 브랜드 아이덴티티 플래닝 모델(Aaker, 1996, 2000)

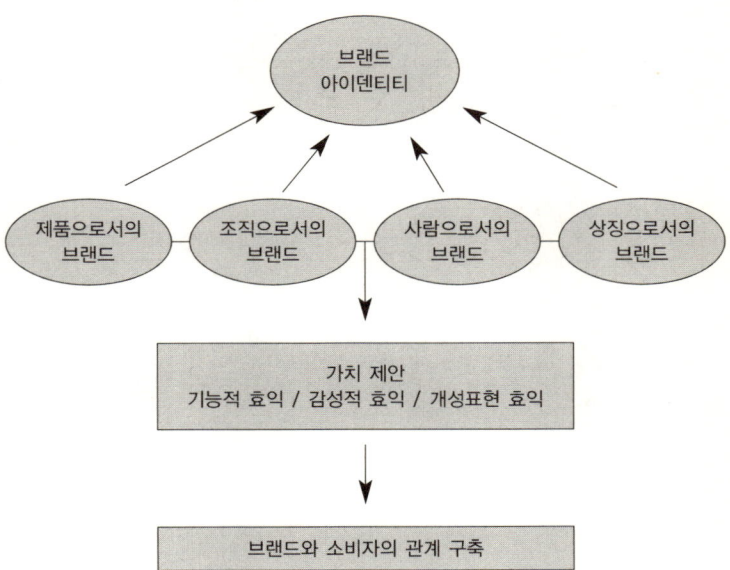

림은 브랜드 아이덴티티를 설정하여 기능적 효익, 감성적 효익, 개성 표현의 효익을 충족시키는 과정을 나타낸 그림이다. 브랜드와 소비자의 관계가 구축되어야 이를 기본으로 강력한 브랜드를 만들 수 있다는 것을 명심하자.

1. 제품으로서의 브랜드 (Brand as Product)

제품의 범주 및 속성 그리고 품질과 가치, 사용량, 사용자, 원산

지 등

2. 조직으로서의 브랜드 (Brand as Organization)
   혁신성, 신뢰성, 글로벌 여부 등

3. 사람으로서의 브랜드 (Brand as Person)
   브랜드의 개성, 고객과의 관계 등

4. 상징으로서의 브랜드 (Brand as Symbol)
   시각적인 이미지, 은유, 브랜드의 유산 등

| SUN | MON | TUE | WED | THU | FRI | SAT |

목요일

THURSDAY

브랜드 자산

브랜드 자산이라는 개념을 모델화한 사람은 미국의 브랜드 학자인 아커 교수이다. 아커 교수는 "브랜드 자산이란 제품 (혹은 서비스)에 의해 제공되는 가치에 더해지거나 가감되는 브랜드와 관련된 자산, 부채들의 집합이다."라고 정의를 내리고 있다. (Aaker, *Managing Brand Equity*, p15)

브랜드 자산은 브랜드 네임, 로고, 심볼과 관련되어 있다. 브랜드 자산을 활용하여 성공한 사례가 베네통이다. 소비자들은 베네통 하면, 원색 의상들로 가득 메운 매장과 함께 베네통만의 독특한 브랜드를 떠올린다. 베네통이라는 브랜드 네임만으로도 소비자들은 타 브랜드와 차별성을 느끼며 신뢰를 보내고 있다. 베네통은 현재 화장품, 가방, 시계, 향수 등 70여 가지의 사업을 영위하고 있다.

스포츠 브랜드 중에서 NO.1 브랜드로 자리를 잡고 있는 브랜드는 나이키다. 나이키의 에어 운동화를 신기만 하면 마이클 조던처럼 점프라도 할 수 있을 것 같다. 특히 나이키의 로고는 그들의 제품을 상징적으로 나타내주는 일등 공신이다. 로고를 빼놓고는 소비자들이 나이키 자체를 떠올릴 수 없다. 이

처럼 브랜드 자산은 브랜드의 생명력을 불어넣어주는 역할을
수행하며, 소비자들에게는 제품에 대한 신뢰까지 얻을 수 있
도록 해준다.

브랜드 자산은 소비자와 기업에게 다음과 같은 의미를 부여
한다. (Aaker, 1991)

● 소비자 입장
  – 소비자에게 제품과 브랜드에 대한 많은 양의 정보 처리 과정
    을 도와준다.
  – 구매 결정에 대한 확신을 부여해준다.
  – 소비자에게 만족감을 상승시켜주는 역할을 한다.

● 기업 입장
  – 효율성과 마케팅 프로그램의 효과를 높여주는 역할을 한다.
  – 충성도를 제공한다.
  – 가격에 대한 저항을 줄여 마진을 높여준다.
  – 브랜드 확장의 토대를 제공한다.
  – 상거래를 증진시킨다.
  – 경쟁우위를 제공한다.

[표 2] 세계 최고의 글로벌 브랜드 (단위 : 백만불/원, 환율 1＄=1,000원)

순위	브랜드	달러가치	원화가치
1	코카콜라	67,395	67조
2	마이크로소프트	61,372	61조
3	IBM	53,791	53조
4	CTE	44,111	44조
5	인텔	23,499	33조
6	디즈니	25,001	27조
7	맥도널드	24,041	25조
8	노키아	22,673	24조
9	도요타	22,128	22조
10	말보로	22,128	22조

(2004 인터브랜드 조사)

기업의 입장에서는 이러한 브랜드 자산을 가치와 연결시켜 돈으로 환산하는 것을 중요시 하는데, 이는 재무적 입장에서 브랜드 자산을 측정하고자 하는 욕구에 기인하는 것이다. 위의 표는 돈으로 환산된 브랜드의 가치를 나타내고 있다.

▌ 브랜드의 부가가치 ▐

브랜드 자산은 브랜드화로 인해 초래되는 부가가치라고 할수 있다. 브랜드화 되지 않은, 단지 제품으로 인해서 벌어들이는 수익과 브랜드화 되어서 벌어들이는 수익의 차이가 있다면 그 차이만큼의 액수가 바로 브랜드의 힘이며, 브랜드가만들어내는 부가가치인 것이다.

이러한 부가가치를 돈으로 환산한 것이 브랜드 자산의 가치다. M&A가 활발하게 일어나는 요즘엔 브랜드라는 무형 자산의 가치를 평가하여 기업을 사고파는 일이 아주 흔해졌다.

썬파워 건전지는 브랜드 값으로 660억 원에 질레트에 팔렸다. 필립모리스는 제너럴 푸드를 58억 달러에 인수를 했는데,장부가치 외에 28억 달러의 금액을 브랜드 가치로 얹어서 매입하였다. (George S. Day, 1999)

다음 페이지의 표는 업종별로 무형 자산인 브랜드가 가지는가치를 %로 표시한 것이다. 업종별로 브랜드 자산의 비율은서로 다르게 나타나고 있는데, 이는 우리가 일반적으로 알고있는 상식과 거의 동일하다. 패션업종은 다른 어떤 업종보다

업 종	브랜드 자산
패션 의류	61
담배	46
음식료품	37
화학제품	34
전자기계	22
운송수단	20
1차 금속	1

무형자산의 가치가 높게 나타난다. 현재는 브랜드 자산의 영
향력이 더욱 높아졌음을 염두에 두고 표를 살펴보도록 하자.

인텔의 경우 산업재임에도 불구하고 '인텔 인사이드' 캠페인
으로 인해 브랜드화가 급속하게 진행돼 세계 톱 수준으로 성
장하였다. 이처럼 브랜드의 자산가치화는 업종을 가리지 않
고 진행되고 있다. 1차 산업도 브랜드로 파는 시대이다.

브랜드 자산을 부가가치 관점으로 바라보는 것은 재무적 관
점이다. 이에 반해 켈러는 소비자 기반의 브랜드 자산의 중요
성을 역설하고 있다. 소비자를 기반으로 한 브랜드 자산은 소
비자가 기존에 갖고 있는 브랜드 인식 및 지식에 따라 마케팅

에 대한 반응이 다르게 나타나고 있다는 점을 상기시켜주고 있다. 켈러에 의하면 이러한 정의는 세 가지 중요한 요소를 포함하고 있다.

1) 차별적 효과(Differential Effect)

브랜드 자산은 소비자들의 반응에서 확연히 차별성이 드러나야 한다. 만약 차이가 없다면 브랜드의 힘은 거의 존재하지 않는 것이며, 시장에서는 일반적 수준의 제품으로밖에 인정받지 못하게 된다.

2) 브랜드 지식(Brand Knowledge)

소비자의 반응에서 '차이'는 바로 브랜드에 대한 지식에서 온다. 마케팅에 많은 투자를 했다 하더라도 소비자의 마음속에 무엇이 남아 있느냐에 따라 브랜드 자산이 만들어질 수도 있고 그렇지 않을 수도 있다.

3) 마케팅에 대한 소비자의 반응(Consumer Reponse to Marketing)

브랜드 자산을 구성하는 소비자의 반응은 브랜드를 마케팅하는 모든 측면에서 지각과 선호와 행동이 반영된다.

소비자에 기반한 브랜드 자산의 개념을 보다 쉽게 이해하기 위해서는 비교 테스트를 해보면 된다. 대표적인 예가 바로 블라인드 맛 테스트다. 같은 제품을 놓고 눈을 감고 마실 때와 눈을 떠서 브랜드를 지각하고 마실 때의 차이가 어떻게 나타나는지를 살펴보면 한눈에 그 차이를 이해할 수 있다. 만약 차이가 존재한다면, 그러한 차이가 바로 브랜드 자산의 힘인 것이다.

▐ 맥주 맛 블라인드 테스트 ▐

① 브랜드를 알고 마실 때의 그림 :
브랜드를 알고 마실 때는 이미 소비자가 브랜드에 대해 알고
있는 지식, 즉 자산에 따라 각각의 제품에 따라 맛을 다르게
지각하고 있음이 명확하게 드러난다.

② 브랜드를 모르고 마실 때의 그림 :
브랜드를 모르고 마실 때는 제품에 대한 차이를 거의 느끼지
못하고 있음을 알 수 있다.

[그림 6] 맥주 맛 블라인드 테스트(Keller,1998)

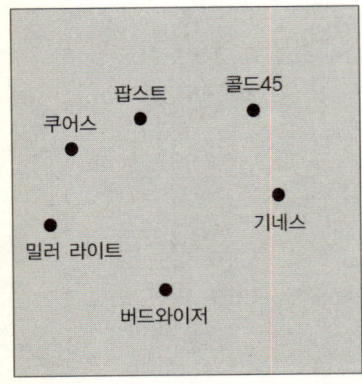

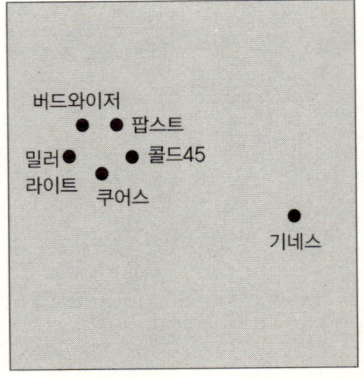

1)맥주 브랜드들을 보고 마실 때 : 맥주 브랜드들이 분산됨(차이를 지각함)

2)맥주 브랜드들을 보지 않고 마실 때 :맥주 브랜드들이 거의 한곳에 모여 있음(차이를 거의 지각하지 못함)

이러한 현상은 콜라에도 나타나는데, 눈을 감고 마실 때에는 코카콜라 대 펩시콜라가 각각 44 대 51의 선호도로 나타나는 데 반해, 브랜드를 알고 마실 때에는 코카콜라 65, 펩시콜라 23으로 펩시콜라의 선호가 급격하게 떨어지는 현상을 볼 수 있다. (Keller, 1998)

위의 사례는 브랜드 자산의 차이를 잘 보여주고 있다. 이 차이는 바로 '브랜드의 힘'에서 기인하는 데, 이러한 '브랜드의 힘'을 각각 돈으로 환산한 것이 바로 브랜드 가치라고 하면 이해하기 쉬울 것이다. 이 사례는 소비자가 브랜드에 얼마나 의존하고 있는지를 극명하게 보여주고 있다. 즉, 브랜드는 실질 제품의 성능보다 훨씬 뛰어나게 느끼도록 해주는 동력인 셈이다. 켈러는 이러한 '소비자 기반의 브랜드 자산'의 관점에서 앞서 설명한 브랜드 지식을 브랜드 자산의 핵심요소로 설명하고 있다.

브랜드론

▌브랜드 자산의 구성요소 ▌

브랜드 자산은 기업이 바라보는 관점과 소비자가 바라보는 관점이 다르다. 기업은 대개 재무적 관점에서 브랜드 자산을 바라본다. 이러한 관점 하에서는 브랜드 자산의 수치화, 즉 가치 측정이 중요해진다. 브랜드 자산은 곧 브랜드가 벌어들이는 부가가치이며 아커는 이것에 대한 핵심 요소를 다섯 가지로 들고 있다. 켈러는 이를 브랜드 지식이라는 통칭으로 부르고 있는데, 사실 큰 차이는 없다.

브랜드 자산의 구성요소를 살펴보는 일은, 브랜드 자산을 증대시키기 위해 무엇이 필요한지를 알 수 있도록 해주는 중요한 작업이다. 또 브랜드 가치를 돈으로 환산할 수 있게 해준다는 점에서 최근처럼 M&A가 잦은 시대에는 더욱 중요한 의미가 있다.

아커는 브랜드 자산을 다섯 가지 구성요소로 들고 있다. 브랜드 인지, 지각 품질, 브랜드 연상, 브랜드 로열티, 그리고 특허 등의 기타 자산이 그것이다.(Aaker, *Managing Brand Equity*, Free Press, 1991) 하나씩 살펴보도록 하자.

브랜드 인지 (Brand Awareness)

브랜드 재인과 회상으로 구분된다.

브랜드 재인(Recognition)
가장 낮은 수준의 인지로, 어떤 카테고리의 브랜드를 나타내
는 표식을 보여주거나 이 브랜드를 접해본 적이 있느냐고 물
었을 때 대답하는 소비자의 비율을 수치로 나타낸 것이다. 이
를 흔히 보조인지(Aided Awareness)라고 한다.

브랜드 회상(Recall)
브랜드를 나타내는 표식을 보여주지 않고, 알고 있는 브랜드
를 말해보라는 물음으로 측정한 브랜드 인지 개념이다. 참치
캔 브랜드 중에서 알고 있는 브랜드를 말해보라는 질문 등으
로 답을 얻어내는 것을 말한다. 이를 흔히 비보조 인지
(Unaided Awareness)라고 한다. 그 중에서 가장 먼저 떠올리
는 브랜드의 비율을 최초 상기(Top of Mind)율이라고 한다.
최초 상기율은 시장점유율(Market Share)과 바로 연관해서
판단할 수 있기 때문에 최초 상기 비율을 '마인드 셰어(Mind
Share)'라고도 한다. 최초 인지율은 가장 획득하기 어려운 인
지 수준이다. 이러한 브랜드 인지도는 광고 활동의 효과 측정

으로도 많이 사용된다.

인지 개념은 고려 집합군(Consideration Set)이라는 개념을 통해 그 효용이 커졌다. 고려 집합군에 들지 못하면 아예 구매에서 배제될 수 있다는 개념이다. 그러나 일단 브랜드를 알고 있어야 다음 단계가 시작된다는 브랜드 인지의 개념은 브랜드 자산의 필요조건이지 충분조건은 아니라는 사실을 명심하자.

유럽의 한 광고회사가 소개한 묘지 모델은 이러한 인지의 유용성을 바탕으로 브랜드의 생로병사를 보여주는 도표이다. 필자도 이 모델을 가지고 수차례 프레젠테이션을 했으며, 학자들 또한 자주 활용할 만큼 매우 유용한 그림이다.

[그림 7] 묘지모델(Graveyard Model)

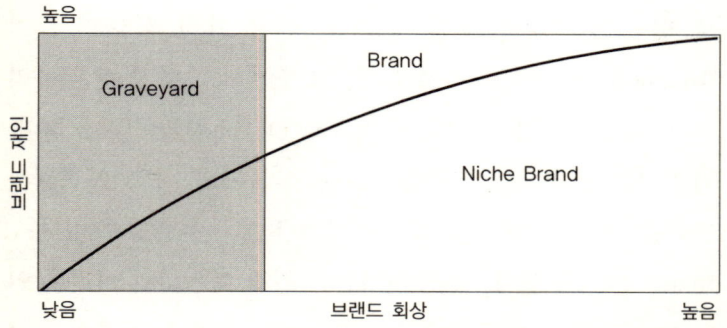

(D.Wendal Attig, Blow the Whistle on Your Competition)

브랜드 재인은 높은데 회상이 거의 존재하지 않을 경우, 이는 묘지에 묻힌 브랜드라고 할 수 있다. 즉, 잘 알려진 브랜드이지만 금방 떠오르지 않는 브랜드로 이를 죽은 브랜드라고도 한다. 이는 소비자가 더 이상 특정 브랜드에 대해 관심을 갖고 있지 않다는 사실을 말해준다. 여기서 회상은 감정적 요소를 지니고 있는 개념으로 볼 수 있다.(Kapferer, 1998)

회상율 중에서 최초 인지(Top-of-Mind) 획득은 제로섬 게임이다. 참치 캔 카테고리에서 1위 브랜드가 70%의 최초 인지를 갖고 있다면, 나머지 30%는 경쟁자끼리 나누어 갖는다는 의미이다. 다시 말하면, 경쟁사들은 최초 인지율을 높이기 위해서는 다른 경쟁 브랜드의 회상율을 빼앗아야만 한다는 설명이다. 옆의 표에서 니치 브랜드는 타깃 마켓에서 회상의 성장 속도가 재인보다 훨씬 빨라진다는 점을 보여주고 있다.

- 브랜드 인지도가 브랜드 자산에 미치는 영향
  - 연상들이 부착될 수 있도록 하는 닻의 기능
  - 친숙함을 심어줌으로써 브랜드의 선호도를 높일 수 있도록 하는 기능
  - 시장에 존재하고 있다는 것을 알리는 기능

브랜드 인지를 비즈니스의 발판으로 삼을 수는 있다. 브랜드 인지는 브랜드의 성장과 유지에 중요한 역할을 담당하고 있지만 필요 충분한 조건은 되지 못한다. 브랜드 인지가 높다고 해서 그것이 바로 구매로 이어지는 것이 아니기 때문이다.

지각 품질 (Perceived Quality)

소비자가 브랜드에 대해 느끼는 '눈에 보이지 않는' 총체적인 감정들을 말한다. 실제 가치와 소비자가 느끼는 지각 가치는 대개의 경우 다르게 나타난다. 지각 가치는 상대적인 개념이 강하며, 마케팅 노력 여하에 따라 결과가 다르게 나타날 수 있다.

- 지각 품질이 브랜드 자산에 미치는 영향
  - 구매 이유를 제공한다.
  - 차별적인 포지션을 제공한다.
  - 프리미엄 가격을 가능케 한다.
  - 유통점의 관심을 끈다.
  - 브랜드 확장을 가능하게 한다.

다음의 표는 지각 가치의 상대적 비율에 의해 투자수익률 (ROI: Return On Invesment)이 얼마만큼 달라질 수 있는지를 보여주는 사례이다.

지각 품질이 높을수록 투자수익률은 상대적으로 높게 나타난다. 이는 제품적인 측면의 실제 가치가 지각 품질에 의해 얼마나 높아질 수 있는지 잘 보여주는 사례라 하겠다.

[그림 8] 상대적 지각 품질과 ROI

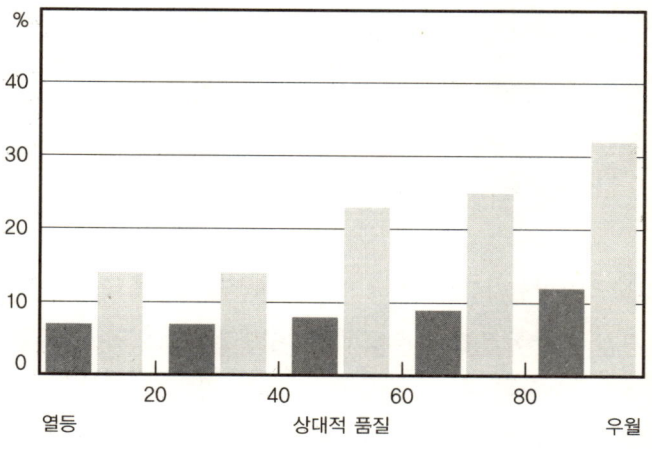

브랜드 연상 (Brand Associations)

브랜드와 관련되어 나타나는 모든 기억을 말한다. 외국 사람들이 한국하면 붉은 악마, 한강의 기적을 이룬 경제성장, 분단국가, 한류 열풍 등을 떠올리듯 하나의 브랜드와 관련하여 느껴지는 모든 이미지, 심상, 감정 등을 말한다. 연상에 대해서는 수요일에도 자세히 설명한바 있다.

● 브랜드 연상이 브랜드 자산에 미치는 영향
  - 정보 처리 · 인출 과정을 도와준다.
  - 차별적인 포지션을 제공한다.
  - 구매 이유를 제공한다.
  - 긍정적인 태도와 감정을 창출한다.
  - 브랜드 확장의 토대가 된다.

브랜드 연상은 브랜드 이론이 아이덴티티 이론으로 급속하게 옮겨가면서 중요한 요소로 부각되었는데, 그 이유는 강력한 브랜드 아이덴티티는 강력한 연상을, 강력한 연상은 강력한 브랜드 가치를 창출하기 때문이다.

브랜드 로열티 (Brand Loyalty)

브랜드 로열티는 아커가 브랜드 자산 이론에서 가장 중요하게 생각하는 구성 요소이다. 브랜드 로열티는 특정 브랜드에 대하여 소비자가 반복으로 구매하는 비율로 측정된다. 브랜드 로열티는 브랜드에 대한 소비자의 행동 지표와 같다. 아커는 로열티 피라미드라는 모델을 통해 로열티를 구분하고 있다.

피라미드의 맨 아래쪽에는 브랜드 로열티와는 관련이 없는, 제품의 가격에 민감한 소비자들이 포진하고 있다. 피라미드의 최상단에 모여 있는 소비자들은 그 수는 적지만, 브랜드에 대한 단단한 응집력으로 뭉쳐 있는 애호가들이다. 그들은 자신이 해당 브랜드를 애호하는 것을 자랑스럽게 여기며, 적극적으로 입소문을 퍼뜨려주기도 한다. 할리 데이비슨 그룹, 매킨토시 그룹 등이 대표적인 브랜드 애호가들이다. 실제로 할리 데이비슨은 전 세계적으로 36만 명의 H.O.G 구성원을 가지고 있다. H.O.G는 할리 데이비슨이 지원하는 동호회로, 소비자들이 동호회 활동에 참여함으로써 브랜드 자산을 증폭시켜주고 있는 것이다.

브랜드 인지, 지각 품질, 브랜드 연상 등은 브랜드에 대한 경험이 수반되지 않아도 되지만, 브랜드 로열티는 반드시 소비자의 사용 경험이 수반되는 요소이기도 하다.

- 브랜드 로열티가 브랜드 자산에 미치는 영향
  - 마케팅 비용을 감소시킨다.
  - 상거래를 증진시킨다.
  - 새로운 고객을 끌어들인다
  - 경쟁적 위험에 대응할 시간을 벌어준다.

지금까지 브랜드 자산 이론에 대하여 살펴보았다. 브랜드 자산 이론은 브랜드 가치를 어떻게 금액으로 산출할 것인지와 브랜드의 자산 가치를 높이기 위해서 어떤 전략을 구사해야 하는지에 대하여 잘 설명해주고 있다. 아커 교수의 책 『Managing Brand Equity』의 부제(Capitalizing on the Value of a Brand Name)에도 그러한 배경이 함축되어 있다. 제품과 브랜드의 본질이 다르듯, 제품을 제외한 브랜드만의 부가 가치를 어떻게 자본화할 것인가? 라는 물음이 담겨 있는 것이다.

그러기 위해서는 먼저, 브랜드 자산을 구성하는 각 요소들이 구분되어야 하고 각각의 역할과 측정방법을 알아야 한다. 지금도 많은 브랜드 학자들과 기관들은 보다 정확한 근거를 제시하기 위해 다양한 모델과 수치를 연구, 발표하고 있다. 대표적인 기관 중의 하나가 인터브랜드이다. 인터브랜드가 산정한 수치는 해마다 전문지에 발표되고 있다. 하지만 측정 방법과 모델에 따라 학자와 기관마다 서로 의견이 달라 정확한 가치를 짚어 내는 데는 한계가 있다.

브랜드의 가치를 금액으로 환산하여 수치화 할 수 있다는 것은 브랜드 자산을 재무적 관점에서 바라보는 시각이다. 반대로 소비자에 기반한 관점으로 브랜드를 바라보면, 브랜드의 자산을 증대시키기 위한 전략적 수치들을 얻을 수 있게 된다.

브랜드 자산을 증대시키기 위해서 켈러는 브랜드 지식 요소들을 전략적으로 증대시키자고 제안했고, 아커는 인지, 로열티, 지각 품질, 연상 등과 같은 자산들을 활용하자고 제안했다.

브랜드 자산은 소비자가 브랜드에 대해 과거에 느낀 것을 현재에 어떻게 생각하고 있느냐 하는 과거형이다. 이러한 이유로 아커는 브랜드 자산 이론을 정리한 이후, 강력한 브랜드를 구축하기 위한 개념으로 브랜드 아이덴티티를 다시금 부각시켜 피력하고 있다. 케퍼러, 업쇼 등 많은 전문가들도 이러한 의견에 동조하고 있다.

| SUN | MON | TUE | WED | THU | FRI | SAT |

금요일

FRIDAY

브랜드 관리

브랜드 관리에 대한 개념은 '브랜드 이미지 관리' 혹은 '브랜드 자산 관리' 라는 개념에서 '브랜드 아이덴티티를 구축하는 것' 으로 급속하게 변화하였다. 아커 역시 브랜드 자산 이론의 한계를 인정하고, 브랜드를 구축하는 주요 토대는 '아이덴티티를 구축하는 것' 이라며 다시금 아이덴티티의 중요성을 부각시켰다. 앞으로 살펴볼 브랜드의 전략적 관리에서도 브랜드 아이덴티티는 중요한 핵심으로 활용될 것이다.

[표 4] 브랜드 관리에 대한 관점과 이론의 변화

	과거	현재, 향후
초점	브랜드 인지/이미지를 관리하는 것	브랜드 아이덴티티를 구축하는 것
대상	과거의 소비자 마음속 결과물	브랜드의 방향, 목표, 비전
방법	브랜드의 과거 결과물에 대한 강화, 약화, 개선	기업의 의도대로 명확한 지침과 비전 부여
결과	나무의 가지를 쳐주기	나무의 뿌리를 강화하기
영향	브랜드 자산 이론 브랜드 확장 이론	브랜드 아이덴티티 이론 브랜드 포트폴리오 이론

(No. 1 브랜드로 가는 길, 실버불렛 전략, 2006)

▌감성 브랜딩 ▌

기업들은 브랜드가 단순한 식별 기능을 가진 상표 역할을 뛰어넘어 소비자의 감정을 주도하는 역할을 한다는 것을 인식하기 시작했다. 앞으로 제품의 동질성이 더욱 심화될 것을 감안하면 소비자들에게 차별화를 인식시키는 일 또한 전쟁과 같을 것이라고 깨닫기 시작한 것이다. 따라서 기업들은 브랜드가 전달할 수 있는 감정을 적극 활용하는 데 초점을 맞추고 있다.

고객이 브랜드에 대한 특별한 감정을 가질수록 관계는 더욱 돈독해지고, 갈대와 같은 고객의 마음을 확실하게 붙들어놓을 수 있게 된다. 고객과 브랜드, 둘 간의 감정은 관계 구축의 주요 핵심이 된다. 그러나 여기서 중요한 것은 감성적 브랜딩이 전략이 아닌 전술이라는 점이다. 브랜딩의 전략적 중추는 브랜드 아이덴티티에 있다. 브랜드 아이덴티티부터 먼저 정립한 후 감성적, 감각적, 심미적, 경험적인 측면을 적극 활용한다면 고객과의 돈독한 관계를 얻어낼 수 있을 것이다.

말보로는 오랫동안 '남성다움', 이 한 가지의 아이덴티티만을 고집해왔다. TV나 옥외 광고에도 '강한 서부 사나이'이라는 이미지 컷을 등장시켰고, ‘Come to Malboro Country’ 라는 광고 캠페인으로 고객의 마음을 붙들어놓았다. 그 결과 말보로는 전 세계적으로 가장 브랜드 자산이 높은 브랜드 중의 하나로 성장했다. 그러나 최근 담배 광고에 대한 강한 규제 및 흡연에 대한 인식이 나빠지기 시작하면서, 위기에 빠진 말보로는 색다른 마케팅 프로그램을 펼치기도 했다. 말보로 탄생 50주년을 기념으로 미국 전역에서 콘서트를 개최했으며, 이후에도 소수 고객들에게 생일 쿠폰 및 경품 행사를 실시함으로써 ‘담배’ 하면 ‘말보로’ 라는 인식을 더욱 강하게 심어주었다.

일관성(Consistency)의 힘

말보로의 브랜드 관리는 집요할 정도로 일관성을 유지하고 있다. 미국 정부의 강한 규제, 담배에 호의적이지 않는 사회 분위기를 고려해, 브랜드 전략을 수정해야겠다는 필요성을 느꼈을지도 모르겠다. 하지만 말보로는 기존 그대로 브랜드 관리를 유지해왔다.

다만, 그것을 분산시키는 것이 아니라 충성도가 높은 고객에

집중했다는 것이 차이점이다. 말보로는 고객들이 브랜드 아이덴티티에 거부 반응을 보인 것이 아니라, 건강에 해로운 담배 자체에 거부감을 가지고 있음을 간파하고 마케팅 전략을 수립한 것이다. 즉 무엇을 지키고(아이덴티티), 변화시켜야 할 지(마케팅 방법)를 정확하게 파악하여 기동성을 발휘한 것이다. 이처럼 브랜드 아이덴티티는 일관성을 유지해야만 그 영향력을 행사할 수 있으며, 고객의 적극적인 지지를 받을 수 있다.

다음은 브랜드 관리에 있어서 중요한 브랜드 확장에 대하여 살펴보도록 하자.

▌사례로 살펴보는 브랜드 확장 ▌

브랜드 확장은 이미 시장에서 검증된 기존의 브랜드 네임을 가지고, 새로운 사업 영역으로 진입하려는 전략적 행위이다. 이는 두 가지 요인에 의해 촉발되는데, 하나는 투자 비용의 절감이고 또 하나는 신규 브랜드를 런칭할 때 생길 수 있는 리스크를 줄일 수 있다는 점이다. 많은 신제품들이 실패하는 상황에서 새로운 브랜드 네임으로 진출하는 일은 상당한 투자와 시일이 걸리기 때문에 많은 기업들은 '브랜드 확장'이라는 유혹에 빠져들게 된다.

브랜드 확장은 기회와 위험을 동시에 가지고 있다. 따라서 확장 찬성론자와 반대론자는 늘 서로의 반대편에 서서 대립하기도 한다. 켈러와 아커는 확장 찬성론을 펼치는 반면, 잭 트라우트와 알 리스는 확장을 반대하는 그룹을 형성하고 있다. 물론 확장을 찬성하는 전문가들도 그 리스크를 잘 알고 있어 브랜드 확장에 대해서는 일정한 제한을 두고 있다.

응용편

브랜드 확장의 실패 사례 (Kapferer,1992)

라코스테 사례

라코스테는 스포츠웨어에서 쌓은 브랜드 자산을 가지고, 리바이스로 대표되는 청바지 시장으로 확장했다가 실패하였다. 리바이스가 양복 시장으로 확장을 꾀했다가 실패한 사례와 같은 경우인데 진과 양복, 스포츠웨어의 아이덴티티가 일치하지 않았기 때문이다.

켐벨 수프 사례

캠벨 수프는 토마토 수프에서 쌓은 브랜드 자산을 가지고, 스파게티 소스로 진출했다가 실패했다. 같은 업종의 카테고리라고 해서 모두 성공하는 것은 아니다. 브랜드를 확장하면 할수록 그 영향력은 묽어지고 응집력도 떨어지게 된다. 새로 진출한 시장에서도 그 힘을 발휘하지 못하고 기존 시장에서 쌓아온 브랜드 인식마저 흔들리게 된다.

잭 트라우트와 알 리스는 브랜드를 확장하는 일이 단기적으로는 매출 증가를 보일지 모르지만 장기적으로는 브랜드의 아이덴티티 희석에 따른 매출 감소와 브랜드의 퇴조로 이어질 가능성이 높음을 경고하고 있다. 이른바 '라인 연장의 함정' 이 그것이다.

이와 반대로 브랜드 확장을 찬성하는 사람들의 논리는 기존 브랜드가 지니고 있는 풍부한 활력을 확장시킴으로써 자산을 높여주는 브랜드 레버리징을 강조하고 있다. 브랜드 확장이 일정한 원칙을 갖고 운영된다면 성공적인 브랜드 전략이 될 수 있다는 논리다.

브랜드 확장의 성공 사례 (Aaker, 2004)

할리 데이비슨 사례

기존의 오토바이 영역에서 쌓은 브랜드 자산을 가지고 의류 영역에 진출하여 큰 성공을 거두었다. 그렇다면 브랜드 확장의 경계는 어디까지일까? 케퍼러에 따르면 브랜드가 정서적, 감정적인 영역일 때(이를 상징성을 획득했다고도 말한다. 앞서 말한 BCM이론 참조) 확장의 폭이 가장 넓고, 제품의 기능성에 머물 때 확장의 폭이 가장 좁다고 한다. 디즈니나 할리 데이비슨은 감정적 자산을 바탕으로 브랜드 확장에 성공을 거둔 케이스다.

브랜드 확장과 관련된 찬반 논쟁이 팽팽히 맞서는 가운데, 브랜드 확장 논리가 우세인 것은 사실이다.

동일 제품 카테고리 내에서 브랜드를 확장하는 일을 '라인 연장'이라고 한다. 하이트 맥주와 하이트 프라임이 대표적인 예이다. 이와 반대로 버진(Virgin) 브랜드는 여행, 철도, 호텔, 항공 등 타 영역의 카테고리까지 횡단하여 브랜드 확장을 꾀하고 있는데, 이를 '브랜드 확장'이라고 한다. 아커는 버진 브랜드를 대표적인 브랜드 레버리징 성공 사례로 뽑고 있는 반면, 잭 트라우트와 알 리스는 이를 실패한 사례로 말하고 있다. 이처럼 하나의 사례를 두고 서로 다른 견해를 보이는 경우도 있다.

▌브랜드 용어정리 ▌

하이트 프라임은 '100% 보리 맥주'라는 브랜드 아이덴티티
로 프리미엄 시장에 진출하였으나 브랜드를 철수하고 말았
다. 브랜드를 연장함으로써 주력 브랜드의 아이덴티티인 깨
끗한 물과 충돌할 우려마저 떠안고 있었기 때문인 것도 매출
저조외의 원인이었을 것이다.

하이트 프라임 같은 브랜드를 두고 마이클 포터는 '파이팅 브
랜드(Fighting Brand)'라는 용어를 사용했다. 시장에 적합한
새로운 브랜드를 활용하여 틈새시장을 공략하거나, 막는 역
할을 하는 것이 보다 효과적이며, 이러한 브랜드는 대항마 역
할을 담당하게 되는데, 주력 브랜드를 내세워 경쟁시키는 것
이 아닌 시장에 적합한 새로운 브랜드로 경쟁 브랜드와 싸우
도록 하는 것을 말한다.

브랜드 관리를 효율적으로 하기 위해서는 다양한 브랜드 용
어를 이해하고 있어야 한다. 여기서는 아커를 비롯한 브랜드
학자들이 말하고 있는 다양한 브랜드 용어들을 간략하게 정
리해보겠다.

브랜드의 집 (House of Brand)

의미 : 개별 브랜드들이 모여 있는 브랜드(혹은 기업)
예 : P&G

'개별 브랜드 전략'을 구사하는 것을 일컫는 용어이기도 하다. 최대한 마스터 브랜드 (혹은 모 브랜드)와 떨어져서 '독립적 역할'을 하는 브랜드들을 보유한다.

브랜드화된 집 (Branded House)

의미 : 마스터 브랜드를 단일로 사용하는 브랜드
예 : BMW / GE

하나의 브랜드, 즉 단일 브랜드 전략을 구사하는 것을 일컫는 용어이기도 하다. BMW는 세분시장별 '동일한' 아이덴티티를 구축하는 장점이 있고, GE는 카테고리별 '상이한' 아이덴티티를 가지고 마스터 브랜드를 카테고리를 달리해 확장하는 의미가 있다.

하위 브랜드 (Sub Brand)

의미 : 마스터 브랜드에 대한 연상으로부터 차별되도록 하려는 브랜드
예: 혼다-혼다 '어코드' / 켈레웨이-켈러웨이 '빅버사'

세분시장별로 적합한 하위브랜드를 개발하여 모 브랜드와 차별화를 꾀하는 전략을 일컫는 용어이기도 하다. 물론 마스터 브랜드의 세분시장별 확장 시 유용한 개념이기도 하다. 혼다와 캘러웨이라는 마스터 브랜드아래에 있는 '어코드', '빅버사' 가 이에 해당한다.

보증 브랜드 (Endors Brand)

의미 : 다른 브랜드에 대한 '신뢰' 를 부여하기 위한 브랜드
예: 디즈니 - '라이온 킹' (from Diseny)

디즈니가 보증 브랜드, 라이온 킹은 피보증 브랜드(보증 받는 브랜드)로 구분되어진다. 강력한 마스터 브랜드가 '신뢰의 표시' 로 지원하는 전략으로 일컫는 용어이기도 하다. 이러한 브

랜드 용어는 자주 나오는 것들이다. 브랜드의 집은 말 그대로 개별 브랜드들이 모여 있는 집이다. 브랜드 제국이라 불리는 P&G가 이러한 브랜드 전략을 사용하고 있다. 세제만 들어도 각기 개별 브랜드가 존재한다. 반면에 BMW, GE 등은 기업 브랜드에 수식 브랜드를 붙여 활동하는데, 이를 브랜드화 된 집이라고 한다. 보증-피보증 관계는 개별 브랜드를 기업 브랜드가 보증하는 경우로서 LG-디오스, 삼성-하우젠이 대표적인 예들이다.

마스터 브랜드 (Master Brand 혹은 Parent Brand)

마스터 브랜드는 제품의 첫 번째 식별 인자이자 근거가 되는 브랜드를 말한다. 시각적으로는 맨 앞에 위치한다. 삼성이 여러 영역에서 제품을 파는 데 있어 첫 번째 식별 인자로 활용되는 것을 말한다. 마스터 브랜드는 '삼성' 처럼 기업 브랜드일 수도 있고, P&G의 '크레스트' 처럼 특정 제품군을 대표하는 라인 브랜드일 수도 있다. 무엇이든 첫 번째 식별인자가 그 기준이 된다.

주도 브랜드 (Driver Roles)

소비자가 브랜드를 구매하는 데 결정적인 역할을 수행하는 브랜드를 가리킨다. 국내 화장품 업계의 '꽃을 든 남자', '과일나라' 가 적절한 예이다. 소비자에게 어떤 브랜드의 제품을 구매했는지 물어볼 때 소망화장품이나 웰코스보다는 '꽃을 든 남자', '과일나라' 라고 대답하는 경우가 대다수일 것이다. 소비자는 자주 노출되는 주요 브랜드만을 기억하고 있기 때문이다. 이처럼 제품을 구매하는데 있어 중요한 역할을 수행하는 브랜드를 주도 브랜드(Driver Rolls)라고 한다.

아커가 말하기를 주도 브랜드는 0%~100%까지 여러 단계의 강도를 지니고 있다고 한다. 어떤 고객은 웰코스나 소망화장품이라는 브랜드의 영향으로 제품을 구매했을 수도 있다는 이야기이다. 이는 소비자가 웰코스나 소망화장품의 제품을 사용하여 좋은 느낌을 받았을 때 브랜드에 대한 신뢰가 쌓여 생겨나는 경우다. 이럴 때는 '과일나라', '꽃을 든 남자' 가 100% 주도적인 역할을 수행한 것이 아니다. 주도 브랜드는 마스터 브랜드일 수도 있고, 하위 브랜드일 수도 있다. 또한 패밀리 브랜드일 수도 있고, 보증 브랜드, 수식 브랜드일 수도 있다.

의미망

엄브렐러 브랜드(Umbrella Brand)

제품을 일정한 조건에 맞춰 각 그룹으로 나누는 브랜드를 말한다. 우산 형태의 그림을 떠올리면 된다. 마이크로소프트 윈도우즈, 마이크로소프트 엑셀 등의 경우에 마이크로소프트가 엄브렐러 브랜드가 된다. 일종의 패밀리 브랜드, 즉 공동 브랜드라고 보면 된다.

수식 브랜드(Descriptors)

제품의 기능을 설명하는 데 사용되는 브랜드이다. 대우 조용한 청소기 싹싹이라는 브랜드가 있다면, 싹싹이가 여기에 해당된다. 제품의 기능을 설명해준다고 해서 서술 브랜드라고도 일컫는다.

파이팅 브랜드(Fighting Brand)

아커는 이를 플랭커 브랜드(Flanker Brand)라고도 했다. 플랭커의 의미는 '측면 방위'를 나타내는데, 주력 브랜드에 손상을 주지 않으면서 경쟁 브랜드와 싸울 수 있도록 도와주는 브랜드를 말한다. 기존 브랜드에 손상을 주지 않고 내세우는 대항마인 셈이다.

프리미엄 시장과 저가 시장에 같은 브랜드를 사용한다면 프리미엄 시장에 내놓은 브랜드에 이미지 손상이 가는 것은 시간문제이다. 이런 경우에는 서로 다른 브랜드를 사용하는 것이 바람직하다. 소주시장에서 '처음처럼'이 돌풍을 일으키자 이를 방어하고자 '참이슬 후레쉬'라는 브랜드를 내어놓는 경우가 이에 해당한다.

실버불릿 브랜드 (Silver Bulet Brand)

실버불릿은 '은제 탄환'을 가리킨다. 중세 유럽의 전설 속에 나오는 이야기로 '늑대인간'의 가죽을 뚫을 수 있는 강력한 무기를 말한다. 맥키나(Regis McKenna)에 의해 처음 사용된 실버불릿이라는 용어는 한두 가지의 핵심적인 제품이 기업의 이미지를 크게 바꿀 수 있다는 개념인 바 이를 브랜드 학자들도 차용하여 기업의 이미지를 크게 바꾸어 놓을 수 있는 혁신적이고 핵심적인 브랜드라는 의미로 활용하고 있다.

실버불릿은 높은 수익과 기업 명성, 이미지 등을 가져다준다. 실버불릿을 제외한 제품들이 큰 성과를 불러오지 못하더라도, 기업은 지탱해나갈 수도, 변화를 모색할 수도 있는 것이다.(Regis McKenna, *Relationship Marketing*, Addison Wesley, p135).

소비자들은 특정 브랜드를 오랫동안 접함으로써 나름대로 브랜드에 대한 감정을 지니게 된다. 세월이 흐르면 흐를수록 브랜드에 대한 감정의 층은 두터워지고, 어지간한 노력으로는 소비자들의 마음속에 스며든 감정의 산물을 버리지도, 또 변화시키지도 못한다. 이런 기업들은 자사 브랜드의 이미지를 개선시키는 데 실버불릿 브랜드를 사용한다. 실버불릿은 기업 브랜드를 버릴 수도 없고, 이미지를 개선하려고 할 때, 기업의 이미지는 쉽게 바꾸어지는 것이 아니므로 이러할 때 유용하게 사용되는 브랜드 전략이다.

소니의 워크맨, 아사히의 슈퍼드라이, 도요타의 렉서스가 이에 해당되는 브랜드이다. 아사히 맥주는 기린 맥주에 수십 년간 뒤져 있었다. 그러나 수퍼드라이 발매로 급속하게 반전시킬 수 있었다. 도요타도 톱 자동차 기업으로 성장해나가는 데 렉서스의 힘이 매우 컸다.

국내에서는 하이트의 사례가 실버불릿의 대표 격인 사례라고 할 수 있다. 당시 크라운과 OB의 시장점유율은 3 : 7로 OB 가 압도적으로 높았다. 그러나 기존의 브랜드인 크라운을 하이트로 교체하고, 불과 3~4년 만에 시장점유율과 브랜드 인지도 면에서 OB를 능가했다. 기업 자체가 변신한 대표적인 사례라고 할 수 있다. 이처럼 기업은 더 큰 시장으로 진출하고자 할 때, 2위 브랜드에서 탈피하고 싶을 때, 소비자들에게 인식되어온 브랜드 이미지를 바꾸고 싶을 때, 실버불릿 전략을 사용한다. 특히 NO.1 브랜드에 도전하는 기업이라면 실버불릿의 전략 활용은 더욱 힘을 발휘하게 된다.

제휴 브랜드(Co-Brand)

두 기업 이상의 브랜드가 서로 협력하여, 소비자를 모으는 데 사용되는 브랜드 개념을 말한다. 네이버와 타 기업의 제휴 등을 생각하면 된다. 잘 알려진 두 브랜드가 제휴를 맺음으로써 시너지 효과를 얻는 것이다. 물론 이러한 제휴 브랜딩은 브랜드의 힘이 약한 브랜드가 힘이 강한 브랜드를 끌어들여 파워를 증강시킬 수 있는 상당히 효율적인 개념이기도 하다.

▌브랜드 위계(Hierachy) ▌

브랜드 위계는 브랜드 계층이라고 이해하면 된다. 대개의 기업들은 다음과 같이 층을 만들어 브랜드를 운영하고 있다.

브랜드 계층		제품 계층	
기업(상호) 브랜드	: 태평양	상품종류	: 화학제품
공동(패밀리) 브랜드	: 아모레	상품군	: 화장품
개별(제품) 브랜드	: 순정	상품라인	: 화장품의 한 계열
수식(서술) 브랜드	: 진	상품유형	: 특별한 속성

(이진용, 브랜드자산의 전략적 활용과 미래, 경문사, 1995 / 박찬수, 2000)

수식 브랜드는 개별 브랜드를 설명하거나 보완하여 구체화한 것으로, 서술 브랜드라고도 말한다. 이는 타 제품과의 차별성을 소비자들에게 인식시켜주기 위해서 사용된다.

아커는 공동 브랜드를 범위 브랜드(Range Brand)라고도 했다. 범위 브랜드는 여러 개별 브랜드를 포괄하고 있는 특징을 지니고 있는데 미국의 캘리포니아 오렌지 업체들이 공동으로 사용하고 있는 '썬키스트'가 대표적인 예이다. 또한 일본의 자동차 제조업체인 도요타 역시 일본 내 일곱 개 업체들과 협력하여 구축한 브랜드 '윌(Will)'을 사용하고 있다. 이는 한정된 고객 기반을 넓히기 위한 목적과 자사 제품의 브랜드를 높이기 위한 목적으로 사용된다. 공동의 브랜드를 대표 격으로 내세워 홍보를 하게 되면, 개별 브랜드의 가치도 덩달아 올라가는 효과도 볼 수 있다. 다음은 이러한 브랜드 위계가 실제로 어떻게 응용되는지 살펴보도록 하자.

브랜드 전략 유형 (Kapferer, *Strategic Brand Management*, p149–p165, Free Press, 1992)

1) 개별 브랜드 전략(Product-Brand Strategy)

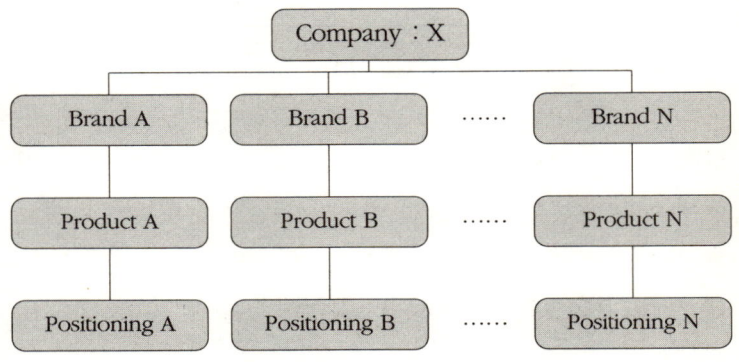

개별 브랜드 전략은 앞서 설명했듯이 마스터 브랜드로부터

차별화되어 개개의 브랜드가 최대한 독립적 역할을 하도록 하는 브랜드 전략이다. P&G등이 이러한 전략을 활용한다. 하나의 브랜드에 하나의 제품에 하나의 포지셔닝이 있을 뿐이다. 개별 브랜드 전략은 기존에 사용했던 브랜드 이미지에서 벗어나 브랜드의 차별화를 꾀할 수 있으며, 특정 고객층을 대상으로 마케팅을 벌일 수도 있다. 그러나 제품이 늘어남에 따라 계속 브랜드를 개발해야 하는 단점이 있다.

2) 범위 브랜드 전략(Range Brand Strategy)

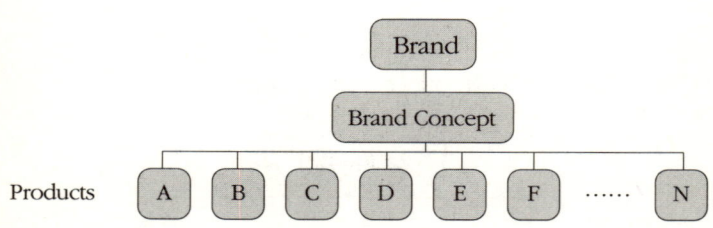

범위 브랜드 전략은 제품 성분, 소비자의 기호 등의 특정 기준에 따라 브랜드 콘셉트 및 성능이 동일한 제품끼리 결속하는 브랜드를 말한다. 주로 식음료, 화장품, 의류, 주방용품, 액세서리, 산업재 등에서 많이 사용되는 브랜드 전략이다.

백설 브랜드가 이러한 예이다. 당 라인에는 당과 관련한 많은 제품들이 속해 있고, 분 라인에는 밀가루를 포함한 제품들이 있다. 유 라인에는 식용유를 포함하여 많은 제품들이 있는데 모두 백설을 사용하고 있다. 물론 각 라인의 개별 제품들은 자신만의 브랜드가 있으나 전체적으로는 범위 브랜드인 백설의 영향력 아래에 존재한다. 이는 여러 개의 개별 제품들을 가진 기업들이 주로 사용하는 방법이다.

3) 엄브렐러 브랜드 전략(Umbrella Brand Strategy)

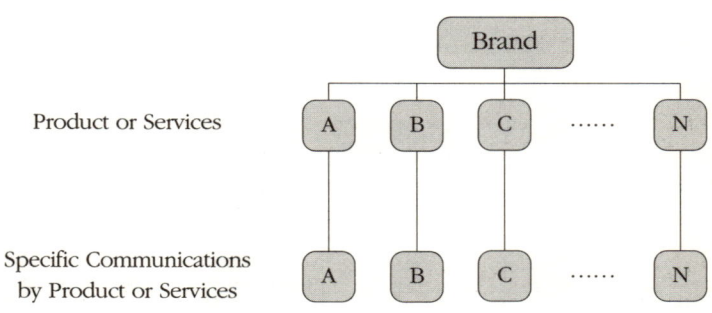

엄브렐러 브랜드 전략은 다른 영역의 제품군을 포함할 때 쓰는 브랜드 전략이다. 예를 들면 야마하가 피아노 군과 기타 군, 모터사이클 군 등의 제품군을 야마하 브랜드로 내세우고 있는 것을 말한다. 하나의 브랜드가 다른 영역 혹은 다른 시장에서 활동하고 있으며, 각각의 영역에 있는 제품이나 서비스들은 자신만의 활동과 커뮤니케이션을 약속하게 된다.

4) 모 브랜드 전략(Parent Brand Strategy)

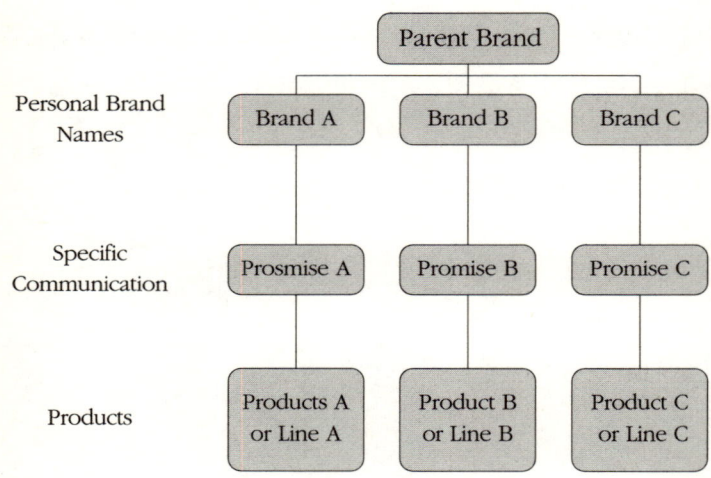

모 브랜드 전략은 제품군들의 브랜드 네임이 별도로 존재한 다는 면에서 엄브렐러 브랜드 전략과 차이가 있다. 또 보증 브랜드에 비해 모 브랜드로부터 더 많은 영향을 받는다는 면 에서 다음에 설명할 보증 브랜드 전략과도 차이가 있다. 네슬 레의 경우 네스카페, 네스퀵 등의 브랜드를 쓰고 있지만 이들 은 모 브랜드로부터 자유롭지 못하다.

5) 보증 브랜드 전략(Endorsing Brand Strategy)

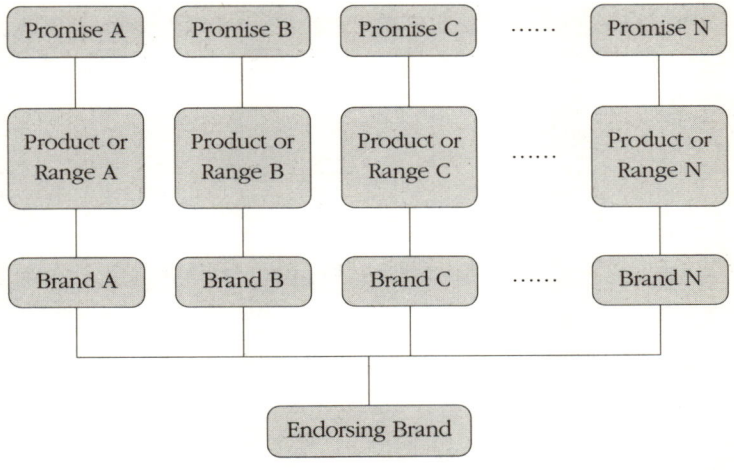

보증 브랜드 전략은 개별 브랜드, 범위 브랜드군의 독자성을 인정하면서도 또 한편으로는 모 브랜드의 보증 역할을 받도록 하는 전략을 말한다. 여성용 화장품 브랜드인 랑콤의 미러클 향수를 생각하면 된다. 여기서 랑콤은 '보증하는 브랜드'이고, 미러클 향수는 '보증 받는 브랜드' 이다.

보증 브랜드의 대표적인 예로는 GM을 들 수 있다. 각각의 개별 브랜드에 GM의 보증을 받도록 하도록 하고 있다. GM은 세계적으로 브랜드 가치가 높은 것으로 평가받고 있으며 '신뢰성'이라는 브랜드 보증을 바탕으로 마케팅 활동을 펼치고 있다. 우리나라에서는 주로 삼성, LG, CJ 등 대기업들이 쓰는 전략이기도 하다. 삼성은 각 분야에서 활동하고 있는 개별 브랜드들의 독자성을 인정하면서도 삼성이라는 브랜드로 이를 뒷받침하고 있다.

코카콜라는 모 브랜드, 패밀리 브랜드, 개별 브랜드가 동일한 경우로, 결국은 하나의 브랜드이다. 따라서 브랜드를 키우는 데 마케팅 효율성은 그만큼 높아진다. 반면에 한번 상처를 입으면 브랜드 전체가 무너지는 치명적인 단점을 지니고 있다.

상기의 브랜드 전략 유형들은 대개의 기업에서 복합적으로 활용되고 있는 것이 사실이다. 예를 들어, 개별 브랜드 전략을 활용하는 기업에서 제품이 어떤 한 라인에서 늘어난다면 이를 새로운 브랜드를 도입할 것인지, 아니면 기존의 브랜드를 계속 활용하는 전략(이를 라인 브랜드 전략이라고 한다.)을 구사할 것인지에 따라 한 유형에 머물지 않고 끊임없이 '진화' 하기도 하는 것이다. 다시 말하면, '정답' 이 없다는 것이다. 따라서 그 브랜드만의 독특한 차별성을 가질 수 있도록 '최선의 전략' 을 찾는 것이 바람직하다 하겠다.

SUN	MON	TUE	WED	THU	FRI	SAT

토요일

SATURDAY

브랜드 마케팅 사례

기업은 각각에 맞는 브랜드 전략을 세워야 한다. 다음의 사례들로부터 지금까지 익힌 브랜드 전략을 정리해 보는 기회를 갖도록 해보자.

- OB vs 크라운
- 뉴 코크 실패 사례
- 건전지 듀라셀

▮OB vs 크라운 ▮

일본 맥주시장에서 항상 2위에 머물렀던 아사히가 새로운 공법의 슈퍼드라이를 시장에 내놓았다. 이 일을 계기로 아사히는 부동의 1위였던 기린 맥주를 공략하여 점유율을 뒤집는데 성공하였다. 국내 시장에서도 유사한 전쟁이 일어나고 있었는데, 크라운 맥주 또한 갖가지 브랜드의 맥주로 OB를 공략하였던 것이다. 하지만 판도를 뒤집는 데는 성공하지 못했다. 당시의 상황은 OB가 70% 이상 시장을 장악하고 있었다. 크라운은 왜 점유율의 격차를 좁히지 못했을까?

다른 변수도 있었겠지만 당시 소비자의 조사 결과로 판단해보면, 가장 큰 변수는 역시 '크라운'이라는 브랜드 네임에 있었다. 아무리 뛰어난 제품을 개발하였다 하더라도 크라운이라는 브랜드 네임은 그 차이점마저 무색하게 만들었던 것이다. 크라운이 붙으면 소비자들은 바로 쓴 맛을 연상했다. 크라운이 소비자에게 줄 수 있는 것은 사실 아무것도 없었다. 브랜드 네임이 소비자의 혀와 지각을 가리고 있었기 때문이다.

물론 수십 년 동안 사용하던 브랜드를 하루아침에 버리는 일은 쉽지 않은 일이다. 크라운이라는 브랜드를 소비자들에게 지각시키기 위해 기업이 쏟아 부은 마케팅 비용과 노력을 생각한다면 진작 브랜드 네임을 버리지 못한 이유를 알고도 남을 일이다.

그러한 와중에도 크라운은 끊임없이 새로운 제품을 준비, 개발하고 있었다. 그것이 바로 하이트였다. (맥주는 열처리(LAGER)와 비열처리(DRAFT), 두 가지 공법으로 그 특성을 구분하는데, 하이트는 그 중에서 비열처리 맥주였다.) 이때 페놀 사건이 터졌다. 페놀 원액이 생산라인으로 연결되는 과정에서 문제가 발생하여 낙동강으로 흘러들어간 것이다. 이 사건 이후 물이 중요한 사회적 이슈로 등장했고, 환경 범죄의 처벌에 관한 특별조치법까지 제정되기에 이르렀다. 경쟁사에서 터진 사건이었으니 이만한 호재는 다시금 없었을 것이다.

하이트는 깨끗한 물로 승부를 던지며 맹공을 펼쳤다. '맥주의 90%는 물'이라며, 하이트는 지하 150미터 천연 암반수라고 자신 있게 소비자를 끌어들였다. 당시 마케팅 학자들은 물 이슈를 초래한 OB, 즉 No.1 브랜드가 스스로 쓰러졌다는 분석도 제시하곤 했다. 그러나 수십 년 동안 이어온 열세를 반전시킨 데는 No.1 브랜드(OB)의 실수에 의한 것만은 아니었을 것이다. 치밀하게 역전 시나리오를 구상한 전략이 뒷받침되

였기 때문에 가능했던 일이었다. 마이클 포터는 '전략은 선택이며, 또한 희생'이라는 말을 했다. 그의 말을 이 상황에 적용하면 이렇다.

가장 극적인 선택은 하이트라는 새로운 브랜드 네임을 쓴 것이다. 기업이 하나의 브랜드를 세상 곳곳에 인식시키기 위해 얼마나 많은 투자와 시련을 이겨냈는지는 아무도 모를 일이다. 그러나 시장의 잔혹함은 전력을 다해 키워온 자식을 하루 아침에 버리라고 주문하기도 한다. 그리고 크라운은 시장의 요구대로 극적인 선택을 했다. 당시에는 브랜드 전략에 대한 이론과 사례도 지금처럼 많이 없었던 상태였다. No.1 브랜드로 등극하고 그 일관성을 지켜오는 것 또한 탁월한 선택이었다.

이에 비해 하이트에 대응하여 예전의 영광을 찾아오겠다던 OB는 OB라는 브랜드 네임을 버리지 못했다. 예전의 크라운이 그랬던 것처럼 OB 아이스, OB 넥스, OB 라거, 지금의 OB 블루까지 OB 브랜드를 전면에 내세우고 있다.

하이트가 출시되어 No.1 브랜드로 등극한 지도 10년 이상의 세월이 흘렀다. 맥주는 젊은 층이 헤비 유저(Heavy User)다.

헤비 유저란 제품을 많이 사용하고, 소진시켜주는 주요 고객층을 말한다. 명품을 선호하는 계층으로 20대 여성이 꼽히고, 디지털 제품의 소비 트렌드를 주도하는 계층이 20대 청년층이라고 하면 이 역시 헤비 유저다. 어찌 되었든 헤비유저를 잡지 않고서는 점유율 역전은 참으로 어려운 것이다. 그래서 역전을 시도하는 기업들은 안간힘을 써서 헤비유저의 니즈를 충족시키고자 하는 전략을 사용한다.

다시 맥주 이야기로 돌아가자. 맥주는 대부분 '젊은 층'에서 소진된다. 그리고 그러한 젊은 층은 OB맥주가 No.1 브랜드로서 전성기를 누렸을 때에는 아주 어린 학생들이었을 것이다. 초등학생을 비롯하여 말이다. 그들에겐 오래전 OB가 No.1 브랜드로서 많은 이들의 사랑을 받았다는 것엔 관심이 없을 것이다. 젊은 층이 된 그들에게 OB 브랜드는 관심사에서 멀어질 수도 있다는 말이다. 반면에 카스 맥주는 약진하고 있다. 예전의 OB가 그랬던 것처럼 카스 역시 지금의 젊은 층에 어필하고 있는 것이다.

브랜드는 감정을 지닌 생물이다. 새로운 브랜드 네임은 새로운 감정을 불러일으킨다. 물론 막대한 마케팅 비용을 투입해 기존 브랜드를 활성화시킬 수도 있을 것이다. 하지만 마케팅 자원은 유한하고 소비자들은 기존 브랜드가 재탄생할 때까지 기다려주지 않는다. 새로운 브랜드에 민감하게 반응을 보이고, 그러한 제품을 즐기고 싶어한다. 크라운이 그랬던 것처럼 OB 역시 변화를 모색하고, 시장의 요구대로 새로운 브랜드 전략을 구상했어야 한다.

┃ 뉴 코크 실패 사례 ┃

> 뉴 코크는 신제품 발매 77일 만에 기존 코카콜라에게 다시 자리를
> 물려주었다. – 서지오 지먼

도대체 코카콜라에 무슨 일이 일어난 것일까? 서지오 지먼
은 당시 코카콜라의 마케팅 담당 책임자였다. 코카콜라와 펩
시콜라의 전쟁사는 많은 마케팅 관련 서적에 수없이 등장하
는 중요한 사례다. 이 사례를 브랜드의 본질과 관련해서 해석
해보고자 한다. 주된 내용은 켈러 교수의 전략적 브랜드 관리
에 게재된 사례로 1998년 3월 20일자 「애드버타이징 에이지
(Advertising Age)」에 소개되었다.

당시 코카콜라는 펩시콜라의 야심찬 도전을 받았다. 펩시콜
라는 유명한 펩시 챌린지(Pepsi Challenge) 프로모션으로 코
카콜라를 공격했고, 그것은 코카콜라에게 엄청난 당혹감을
안겨주었다. 「애드버타이징 에이지」는 당시 상황을 이렇게
묘사하고 있다.

"그것은 처음 텍사스에서 시작되었다. 코카콜라와 펩시콜라
를 놓고 매장에서 직접 블라인드 테스트를 진행하는 프로모

제8일

139

션과 동시에 광고 공세를 퍼부었다."

펩시는 이러한 블라인드 테스트에서 코카콜라를 앞질렀다. 특히 콜라 음용자 중 젊은 층은 더욱 열광했다. 그들은 코카콜라의 점유율의 상당 부분을 빼앗아가는 데 일조했다. 젊은 층이 열광한 주된 이유는 펩시콜라가 코카콜라보다 더 달다는 것이었다.

펩시의 공세에 코카콜라는 어떻게 대처했을까? 코카콜라는 시장 잠식이 일어나는 근본적인 원인이 맛이며, 펩시콜라가 더 달다는 것을 인정했다. 이에 대해 코카콜라는 기존 코카콜라의 맛을 펩시와 밀착시키는 전략으로 뉴 코크를 출시하였다. 일종의 맞불 작전을 전개한 셈이다. 코카콜라는 무려 19만 명이라는 엄청난 숫자의 소비자에게 맛 테스트를 벌였다. 물론 새로운 전략을 성공시키기 위한 사전 전략이었다. 소비자들에게 맛 테스트를 벌인 결과, 테스트에 참가한 대다수가 기존의 코카콜라보다 뉴 코크의 맛이 월등하다고 응답했다. 여기에 확신을 얻은 코카콜라는 팡파르를 울리며 전략 수정을 공표하였다. 뉴 코크의 출시였던 것이다.

그러나 뉴 코크에 대한 소비자의 반응은 부정적이었다. 거부 반응은 시애틀에서 일어나기 시작했다. 시애틀의 게이 멀린스는 '전미 기존 콜라 먹는 사람들의 모임(Old Cola Drinkers of America)'을 결성하여 뉴 코크에 반대하는 소비자 그룹과 연대했다. 많은 사람들이 코카콜라 본사에 와서 항의를 펼쳤고, 코카콜라는 하루에 1,500통이라는 전화 공세에 시달려야만 했다. 당황한 코카콜라는 코카콜라 클래식이라는 이름으로 기존 콜라를 시장에 내놓겠다고 공표하기에 이르렀다. 다시 한 번 전략의 수정이 이루어진 것이다. 뉴 코크는 코카콜라에게 쓰라린 아픔과 교훈을 남겼다.

그렇다면 왜 이런 일이 벌어졌을까? 소비자들은 코카콜라를 단순히 갈증을 해소시켜주는 음료로서만 생각했던 것이 아니었다. 코카콜라라는 브랜드는 제품 속성인 맛으로 존재하기보다는 미국의 상징이자 향수이며 유산이었던 것이다. 뉴 코크를 출시하여 펩시의 도전을 다시금 꺾어보겠다던 코카콜라측은 소비자들이 자사 제품을 구입하는 이유, 즉 브랜드가 지니고 있는 의미를 제대로 보지 못한 것이었다.

뉴 코크의 교훈

제품과 브랜드를 혼동하지 마라. 브랜드는 제품 이상의 것이다. 제품은 공장에서 만들어지지만 브랜드는 소비자 마음속에서 만들어진다. 브랜드는 감정을 가지고 소비자와 교감한다. 아커 교수도 제품적 속성에만 얽매여 브랜드 아이덴티티를 제한하는 우를 범하지는 말라고 경고하고 있다.

서지오 지먼은 그의 저서에서 이 사태에 대해 이렇게 말한다.

"뉴 코크는 성공작이라고 할 수 있다. 기존의 코카콜라 브랜드를 활성화시켜 소비자들이 다시 좋아할 수 있도록 하는 계기를 마련해줬기 때문이다. 뉴 코크는 분명히 처음 계획한 의도대로 성공하지는 못했다. 그러나 소비자와 기존 브랜드인 코카콜라에 활력을 되찾아 준 촉매제 역할을 해주었다." (서지오 지먼, 『우리가 알고 있던 마케팅은 끝났다』, 안진환 옮김, 한국생산성본부, 2000)

▌건전지 듀라셀 ▐

듀라셀은 미국 건전지 시장에서 No.1 브랜드로 평가받고 있는 브랜드이다. 주된 이유는 듀라셀이라는 브랜드 네임에서 기인한다. 잭 트라우트와 알 리스도 미국 건전지 시장 경쟁에서 우위를 점하기 위한 요인으로 브랜드 네임을 꼽고 있다.

건전지를 구매하는 가장 큰 요인은 건전지의 수명이다. 듀라셀이 미국 건전지 시장에서 1위를 할 수 있었던 이유는 바로 건전지의 수명을 모티브로 한 브랜드 네임, 즉 듀라셀에 있었다. 듀라셀의 어원을 살펴보면 듀라(Dura)＋셀(Cell)로, '듀라'는 'Durable' 즉 영구하다는 뜻을 지니고 있으며 '셀'은 전지를 뜻한다. 브랜드 네임 자체가 '오래가는 건전지'임을 나타내고 있어, 브랜드 네임 자체로도 소비자들을 설득시키는 힘을 지녔던 것이다.

미국의 소비자는 듀라셀이라는 이름만 들어도 '오래가는 건전지'임을 본능적으로 지각하게 된다. 듀라셀이 '수명'이라는 제 1속성에서 유리한 고지를 점령하고 있는 한 경쟁 브랜드들이 '듀라셀의 고지'를 빼앗기는 힘들어 보인다. 그만큼 듀라셀이라는 브랜드 네임이 주는 효과가 크다는 얘기다. 그렇다면 듀라셀이 왜 국내 시장에서는 약진을 보이지 못하는 걸까?

언어가 다른 데서 나타나는 메시지 전달력 감소 때문이다. 듀라라는 어감 자체도 국내 소비자들에게는 어렵게 느껴진다. 반면에 에너자이저는 듀라보다 쉽게 다가온다. 국내 소비자의 마음에는 에너자이저라는 브랜드가 듀라셀보다 더 쉽고 빠르게 브랜드 네임으로 자리를 잡은 것이다.

건전지 브랜드는 대개 캐릭터를 활용한다. 이는 친근감과 인지도를 효율적으로 제고하기 위한 것도 물론 있겠지만, 대개는 힘세고 오래가는 연상을 주려함이다.

이렇듯 건전지는 제1 속성인 수명을 전달하기 위해 브랜드 네임을 전략적으로 가져가는 것이 무엇보다 중요하다. 건전지 브랜드 네임을 비교해보자.

썬파워, 로케트, 에너자이저, 벡셀, 듀라셀

독자들 스스로 한번 판단해보자. 가장 오래갈 것 같은 건전지 이름이 무엇인가? 건전지 브랜드를 놓고, 순위를 매겨보는 일은 브랜드 네임의 중요성을 다시 한 번 일깨워 주는 작업이기도 하다.

듀라셀의 교훈

대개의 기업들은 소비자들이 자사의 제품 효익을 인지할 때까지 유한한 마케팅 자원을 투입할 수밖에 없는 상황이다. 그렇기 때문에 기업들은 브랜드 네임에서 쉽게 효익을 전달하기 위해 노력하며, 그러한 브랜드 네임을 갖는 것만으로도 큰 경쟁력을 지니게 되는 셈이다.

건전지 카테고리는 수명이라는 속성이 곧 카테고리라 해도 지나치지 않다. 따라서 브랜드 전략의 모든 활동은 '수명'이라는 속성을 보여주는 것이 무엇보다 중요하다 하겠다. 캐릭터를 활용하든, 또 다른 효율적인 마케팅 활동을 하든 말이다.브랜드 네이밍은 그 중의 으뜸이다. 특히 건전지 업종은 더욱 그렇다.

기업은 제품을 만들지만 소비자는 브랜드를 구매한다.

브랜드 관리자는 브랜드의 본질을 이해해야 제대로 된 브랜드 전략을 구사할 수 있다. 또한 브랜드는 관리자뿐만 아니라 기업의 CEO가 궁극적으로 책임져야 한다. 마케팅의 대가 코틀러 역시 지적했듯이 기업의 모든 활동은 브랜드를 키우는 일이어야 한다. 유형 자산의 몇 배에 달하는 브랜드를 만드는 일이야말로 마케터에게만 맡겨둘 수 없는 중요한 문제인 것이다.

브랜드는 감정을 지닌 생물로 정의할 수 있다.

브랜드는 소비자와 감정을 가지고 서로 교감을 나눈다. 감정의 끈이 질기고 단단해질수록 파워 브랜드로 성장하게 된다. 그렇다고 브랜드를 중요하게 여긴다고 하여 제품을 도외시한다는 뜻으로 이해를 해서는 안 된다. 제품이나 서비스는 브랜드를 구축하는 골조이기 때문이다.

브랜드 마케팅의 첫 단추는 브랜드 네임이다.

브랜드 네임은 마케팅의 시발점이자 추진 동력으로 작용한다. 최근 LG의 '초콜릿 폰' 사례에서 보듯 적절한 브랜드 네임은 기존의 CYON이라는 브랜드만으로는 얻지 못했던 효과를 보상 받게 해주었다.

좋은 브랜드 네임이 되기 위해서는 제품의 효익과 함께 고객층에게 어필할 수 있는 느낌까지 동시에 전달할 수 있어야 한다. 효익만이 아니라 브랜드의 본질인 감정도 함께 전달할 수 있어야 된다는 뜻이다. 효익만을 강조했던 지난날의 LG 휴대폰 '화통'의 실패 사례가 그것을 잘 보여준다.

브랜드를 구축한다는 것은 브랜드 아이덴티티를 구축하는 것이다.

브랜드 아이덴티티는 브랜드에 생명력을 입혀준다. 브랜드가 존재하는 이유이자 가치이다. 또한 브랜드의 영혼으로서 브랜드의 수많은 의사결정에 핵심적인 역할을 수행한다. 브랜드 자산은 강력한 아이덴티티가 뒷받침되어야 구축되는 것이며, 브랜드 확장 또한 브랜드 아이덴티티가 기준점이 되어야 한다. 사실 브랜드 아이덴티티가 약해지면, 브랜드 파워도 약해진다. 브랜드 가치도 마찬가지이다. `

좋은 브랜드 네임 역시 이러한 아이덴티티를 기준으로 삼아야 좋은 결과를 기대할 수 있다. 브랜딩은 브랜드 아이덴티티를 차별되게 함으로써 소비자 마음속에 확실하게 브랜드를 인식시키는 행위이다. 브랜딩의 본질이 차별화이기 때문이다. 차별화는 제품에서 오는 물성적인 효익만이 아닌, 브랜드에서 오는 감정적인 효익이 수반되어야 한다. 감정에서의 차별화는 경쟁자가 쉽게 따라오지 못하도록 하고, 이것이 주효했을 때 확고하고도 강력한 브랜드로서 입지를 구축하게 되는 것이다.

▌ 마치는 말 ▌

지금까지 살펴본 것들은 '브랜드 전략'을 제대로 수립하기
위한 시초에 불과할 것이다. 다만, 브랜드 전략을 구사함에
있어 가장 근간이 되는 '본질적 개념'으로 안내한 것에 그 보
람을 두고자 한다.

이 책은 브랜드와 관련된 제반의 의사결정에 있어서 무엇이
옳고 무엇이 그르다는 것을 전달하기 위함은 아니다. 급변하
는 마케팅 환경에서 어떻게 해야 목표를 달성하는 브랜드 전
략을 구사할 수 있는 가에 대한 전략적 통찰을 갖추기 위해
보다 본원적인 개념을 전달하려 했다.

필자가 몸담아온 광고 분야의 종사자나 혹은 기업의 마케팅
을 담당하는 브랜드 관리자, 모두가 알아두어야 할 필요가 있
는 이러한 브랜드 이론은 지금도 많이 변화하고 또 새로운 이
론이 시도되고 있다. 브랜딩을 위해 많은 마케팅 자원(특히
광고는 많은 자원이 투입되는 마케팅 활동이다.)이 투자되고 있
다. 정답은 없으나, 효율성은 존재한다. 제대로 된 브랜드 전
략하의 마케팅 활동은 바로 그러한 '효율성'을 제고하여 주
는 역할을 한다. 목표를 달성하기 위한 마케팅 자원은 유한하

기 때문이다.

미샤와 더페이스 샵의 마케팅 활동을 보아도 둘의 브랜드 및 브랜딩 전략은 많은 차이가 난다. 그 차이가 시장에서의 1,2위를 가르는 것이다. 그러니 제대로 된 브랜드 및 브랜딩 전략을 구사한다는 것이 얼마나 중요한 일이겠는가?

또한 많은 광고들이 '브랜드 네임'을 소재(혹은 주제)로 하여 만들어지고 집행되고 있다. 광고는 마케팅과 브랜딩에 있어 투자자원이 상당한 비율로 배당되는 분야인바 브래드와 브랜드 이론을 모르고서는 전략적으로 적합한 마케팅 활동을 하는데 있어 막대한 자원의 낭비를 초래할 것이다.

코틀러가 말했듯이 기업의 모든 마케팅 활동은 브랜드를 구축하는 활동이다. 따라서 브랜드는 '기업의 미래'이기도 하다. 비단 실무자만이 아닌 기업의 CEO가 책임져야 하는 이유도 바로 거기에 있다. 브랜딩을 위해 오늘도 열심히 뛰는 모든 분들에게 그러한 생각이 이 책을 통해 잘 전달되었으면 한다.

이 책이 부족함이 있다면, 필자 본인의 부족함일 것이다. 앞으로도 독자제위의 성원과 질책에 힘입어 지속적으로 보완 발전하려는 마음이 가득하다.

다시 한번 이 책을 읽은 여러분께 묻고 싶다.

당신은 브랜드를 정의할 수 있는가?
당신은 브랜딩을 정의할 수 있는가?

지은이 **전헌**

고려대학교 신문방송학과를 졸업하고 국내 메이저 광고회사에서 수많은 광고캠페인을
기획해왔다. 2001년 처음으로 컨셉 디렉터라는 영역을 창출, 전략 및 브랜드 마케팅을 컨설팅
하고 있다. 아울러 광고전문가로 활동하고 있으며, 기업과 대학 등에서 특강을 하고 있다.
저서로는 『No.1 브랜드로 가는 길』과 전략적 통찰을 다룬 『실버불렛 전략』 등이 있다.

일주일 만에 끝내는 브랜드 전략

초판인쇄 | 2006년 12월 21일
초판발행 | 2006년 12월 26일

지 은 이 | 전헌
펴 낸 이 | 김승욱
책임편집 | 김승관
펴 낸 곳 | 이콘출판(주)
출판등록 | 2003년 3월 12일 제2003-44호

주   소 | 413-832 경기도 파주시 교하읍 문발리 파주출판도시 513-8
전자우편 | editor@econbook.com
전화번호 | 031) 955-7979
팩   스 | 031) 955-8855

ISBN   89-90831-30-X 04320
ISBN   89-90831-17-2(세트)

「이 도서의 국립중앙도서관 출판시도서목록(CIP)은 e-CIP 홈페이지(http://www.nl.go.kr/cip.php)에서
이용하실 수 있습니다.(CIP제어번호: CIP2006002793)」